COLECCIÓN
JESUCRISTO

Las Siete Palabras de Nuestro Señor Jesucristo en la Cruz

Fr. Antonio Royo Marín, O. P.

Las Siete Palabras de Nuestro Señor Jesucristo en la Cruz

EDIBESA

NIHIN OBSTAT
Fr. Armando Bandera, O. P.
Fr. Manuel Bueno, O. P.

IMPRIMI POTEST
Fr. Aniceto Fernández, O. P.
Prior Provincial

IMPRIMATUR
Fr. Francisco, O. P.
Obispo de Salamanca

LAS SIETE PALABRAS DE NUESTRO SEÑOR
JESUCRISTO EN LA CRUZ

© Antonio Royo Marín, O. P.

© SAN ESTEBAN EDITORIAL – EDIBESA 2024

© EDIBESA 2024

Sede social y ediciones
Plaza de Concilio de Trento, s/n. 37001 Salamanca
Telf.: 923 26 47 81
Email: info@sanestebaneditorial.com

Administración y comercialización

C/ Juan de Urbieta, 51 28007 Madrid
Telf.: 913 45 19 92
Email: info@edibesa.com

Edición revisada y actualizada por
Ricardo de Luis Carballada y Miguel Ángel Ayuso

Imagen de cubierta: *Nuestro Padre Jesús de la Salud*
(Fernando Aguado), Hermandad de la Salud de San Rafael,
Parroquia de san Rafael y san Gabriel, Jerez de la Frontera.

Diseño y maquetación: Susana Folgado

ISBN: 978-84-19640-38-3

Depósito Legal: M-6144-2024

www.edibesa.com
www.sanestebaneditorial.com

Imprenta: Kadmos

ÍNDICE

AL LECTOR

Las páginas siguientes contienen el texto íntegro del sermón de las Siete Palabras –recogido en cinta magnetofónica– que pronunció el autor en la iglesia parroquial de San José, de Madrid, en la noche del Viernes Santo, el 30 de marzo de 1956, y que fue retransmitido por Radio Nacional de España en conexión con otras emisoras españolas.

Solamente se han introducido ligeros retoques de forma, para adaptarlo a una publicación escrita; pero conservando íntegramente el contenido doctrinal y hasta el estilo intuitivo y directo del género oratorio moderno. Se ha respetado incluso alguna alusión circunstancial, que era de palpitante actualidad en el momento de pronunciar el sermón.

INTRODUCCIÓN

¡Viernes Santo! ¡Sermón de las Siete Palabras! En tal día como hoy, el más grande de los oradores sagrados que ha conocido España, Fr. Luis de Granada, subió al púlpito para explicar al pueblo cristiano los dolores inefables del Redentor del mundo clavado en la cruz. Comenzó su discurso con estas palabras: «Pasión de Nuestro Señor Jesucristo según san Juan». Y no dijo más. Una emoción indescriptible se apoderó de todo su ser; sintió que la voz se le anudaba en la garganta, estalló en un sollozo inmenso, y con el rostro bañado en lágrimas hubo de bajarse del púlpito sin acertar a decir una sola palabra más.

Ningún otro sermón de cuantos pronunció en su vida causó, sin embargo, una impresión tan profunda en su auditorio. Todos rompieron a llorar y, golpeando sus pechos, pidieron a Dios, a gritos, el perdón de sus pecados.

No exageraron. ¡No exageraron! porque es preciso tener el corazón muy duro o muy amortiguada la fe para no conmoverse profundamente ante el solo anuncio del sermón: de los dolores que Nuestro Señor Jesucristo padeció por nosotros en la cruz.

¡Viernes Santo! ¡Sermón de las Siete Palabras!

Contemplemos rápidamente, en sintética mirada retrospectiva, los acontecimientos que precedieron a la crucifixión.

13

***

Jerusalén. Jueves Santo de la primera Pascua cristiana. Alrededor de las siete de la tarde. Jesucristo, que había amado apasionadamente a los suyos, en la víspera de su muerte los amó hasta el fin, hasta no poder más: «Hijitos míos: un nuevo mandamiento os doy. Que os améis los unos a los otros como yo os he amado». Y volviéndose loco de amor cogió un trozo de pan, lo bendijo, lo partió y se lo dio a sus discípulos diciendo: «Tomad y comed, porque esto es mi Cuerpo». Y en seguida: «Bebed todos de este cáliz: porque esta es mi Sangre que será derramada por la salvación del mundo». Y cuando san Juan, aquel jovencito que se sentía amado por su Maestro con particular predilección, hubo tomado aquel bocado divino y aplicado sus labios sedientos al cáliz de vida eterna, sintió que sus fuerzas desfallecían por momentos y reclinó suavemente su cabeza sobre el pecho de su divino Maestro para descansar en Él su éxtasis de amor...

Ha terminado la Cena. Salen a la calle. La luz plateada de la luna –el Jueves Santo coincide siempre con el plenilunio del mes de Nisán– ilumina suavemente las callejuelas de Jerusalén. Pasan junto al templo. Descienden por el camino escalonado hasta el torrente Cedrón, cruzan el puentecillo y llegan a la entrada del huerto de Getsemaní.

Jesucristo recomienda a sus apóstoles que permanezcan en oración a la entrada del huerto. Y tomando aparte a Pedro, Santiago y Juan se interna entre los olivos al mismo tiempo que exclama: «¡Me muero de tristeza, siento una tristeza mortal!».

Y arrancándose todavía de los tres como a la distancia de un tiro de piedra, cae de rodillas. Y primera, segunda y tercera oración: «Padre mío, si no puede pasar este cáliz sin que Yo lo beba, hágase tu voluntad». Y cuando primera, segunda y tercera vez escucha en el fondo de su alma la orden terminante de su Padre que le manda subir a la cruz, Jesucristo se desploma ensangrentado: «Vínole un sudor como de gotas de sangre que corrían hasta el suelo...».

Instantes después se presenta Judas acompañado de una turba de soldados: «Amigo, ¿a qué has venido? ¿Con un beso entregas al Hijo del hombre?».

Y Pedro desenvaina su espada y Cristo le impide defenderle...

Y atadas las manos, como a un vulgar malhechor, es conducido a empujones hasta, el palacio del Sumo Pontífice Caifás, no sin antes comparecer un momento ante su suegro Anás, que le había precedido en la suprema magistratura de la Sinagoga.

***

Y comienza la burda parodia del proceso religioso: «Este ha dicho que puede destruir el templo y reconstruirlo en tres días». No concuerdan los testimonios. La situación se hace embarazosa...

De pronto el Sumo Pontífice toma una resolución definitiva.- Poniéndose majestuosamente de pie, con toda la pompa y solemnidad que correspondía al Jefe supremo del Sanedrín, interroga autoritativamente al detenido: «Por el Dios vivo te conjuro, que nos digas de una vez claramente si tú eres el Cristo, el Hijo de Dios». Y Jesucristo le responde sin vacilar: «Tú lo has

15

dicho: Yo soy. Y os digo, además, que un día veréis al Hijo del hombre venir sobre las nubes del cielo con gran poder y majestad».

«¡Ha blasfemado! ¿Qué necesidad tenemos de nuevos testimonios? ¿Qué os parece?». «¡Reo es de muerte!». Y a empujones y bofetadas le encierran en un calabozo hasta la mañana siguiente en que le presentarán al Procurador romano para exigirle la sentencia capital que merece como blasfemo.

***

Mientras tanto, Pedro niega tres veces a su Maestro, acobardado ante una mujerzuela y un grupo de soldados que se calienta junto al fuego.

***

¿Dónde pasó la noche del Jueves Santo Judas el traidor? No lo dice el Evangelio. Pero sin duda que no pudo conciliar el sueño un solo instante. Corroída su conciencia por los remordimientos, al apuntar el día se presentó en el templo ante los príncipes de los sacerdotes. Le quemaban el alma aquellas treinta monedas que eran el precio de su vil traición. «¡Devolvedme al Justo! He entregado sangre inocente». Y al instante, la carcajada sarcástica de los sanedritas: «¿Y a nosotros qué? ¡Allá te las hayas! ¡Vete de aquí, miserable! No queremos, nada contigo».

Y fue y se ahorcó.

¡Cuántos Judas hoy como ayer! Después de la traición, el desprecio, la desesperación y el suicidio: «que el traidor no es menester siendo la traición pasada».

**

Ha ido amaneciendo lentamente. A primera hora de la mañana Jesucristo es conducido, maniatado, ante el Procurador romano. Y lanzan ante él la primera calumnia:

«Aquí tienes a un agitador que perturba a la nación y prohíbe pagar los tributos al César, constituyéndose en Mesías y rey de los judíos».

Le interroga Pilatos. Nada malo descubre en Él. Los sanedritas insisten enfurecidos: «¡Desde Galilea hasta Judea tiene revolucionado a todo el pueblo!».

Ha sonado una palabra nueva: Galilea. Pilatos pregunta si aquel hombre es galileo. Y al conocer que pertenecía a la jurisdicción de Herodes, se lo envía al instante, gozoso de encontrar un medio de desembarazarse de aquel asunto tan desagradable.

Pero Jesucristo, que ha respondido lleno de serena dignidad a las preguntas del Procurador romano, no se digna abrir los labios divinos ante el infame Herodes que, entre otros crímenes repugnantes que pesaban sobre su conciencia, había mandado degollar a Juan el Bautista en una noche de crápula, de orgía y de pecado. Y cubierto de una vestidura blanca, en calidad de loco, Herodes devuelve el preso a Pilatos, reconciliándose con él, pues estaban disgustados entre sí.

El Procurador romano le interroga de nuevo. Recibe un mensaje de su mujer recomendándole que no se meta con aquel justo, pues ha padecido mucho en sueños por causa de él. Pero la chusma sigue gritando, azuzada por los jefes de la Sinagoga.

Ya no sabe qué hacer. De pronto se le ocurre una idea luminosa: «¿A quién queréis que os suelte, a

Barrabás o Jesús llamado Cristo?». Y el representante de Roma escucha estupefacto el griterío del pueblo: «¡Suelta a Barrabás!».

«¿Pues qué he de hacer con Jesús, el titulado rey de los judíos?». «¡¡Crucifícale, crucifícale!! ».

Pilatos hace todavía un esfuerzo supremo para salvarle: a costa de una medida injusta y brutal: «Le castigaré y le pondré después en libertad». ¡Le declara inocente y ordena castigarle!.

Y viene el tormento espantoso de la flagelación. No emplearon con Él la verga –que era el azote más suave reservado a los ciudadanos romanos–, sino el horrible flagelo formado con largas tiras de cuero, llenas de bolitas de plomo y huesos de animales. Y Cristo, desnudo, atadas sus manos a una columna muy baja para que presentara cómodamente a los verdugos su espalda encorvada, recibe aquella tremenda tempestad de azotes... Carne amoratada, que se vuelve muy pronto rojiza; la piel que salta hecha pedazos y la divina víctima que queda cubierta de sangre. ¡Tenía que expiar en su carne purísima la lujuria desenfrenada de toda la humanidad pecadora!

Pero era preciso llevar hasta el colmo la burla y el escarnio. ¡Van a coronarle Rey de los judíos! Y las espinas rasgan su cabeza, no en forma circular o de guirnalda; sino a modo de casco, capacete o celada que la cubría y atormentaba por entero. Y la vestidura regia, y el cetro de caña en las manos, y las burlas y blasfemias del populacho.

Jesucristo quedó hecho una lástima. Inspiraba compasión. Al contemplarle Pilatos en aquella forma lo presenta al pueblo para ver si le queda todavía un poco de corazón:

«¡Ecce horno!».

Y la chusma asalvajada, como una fiera instigada por la fusta del domador, lanza de nuevo, más estentóreo que nunca, el grito de su reprobación definitiva: ¡¡Crucifícale, crucifícale!!

¡Pobre pueblo judío! Cinco días antes, el domingo de Ramos, había aclamado frenéticamente a Cristo en su entrada triunfal en Jerusalén: «¡Bendito el que viene en el nombre del Señor! ¡Hosanna en las alturas!». Y ahora reclama a gritos su muerte. La historia se repite todavía. El populacho grita siempre ¡viva! o ¡muera! al dictado caprichoso de los jefes que le manejan y engañan.

Y Pilatos el político cobarde, símbolo de la debilidad en el ejercicio de un poder que no era digno de administrar, se lavó las manos en vez de lavarse la conciencia y entregó a la ferocidad de los judíos al divino preso para ser crucificado.

***

«Y llevando sobre sus hombros su propia cruz, salió hacia la colina del Calvario».

***

Mientras tanto, en un rincón de Jerusalén ocurría una escena impresionante. San Juan, el discípulo amado, lo había presenciado todo. Y cuando oyó la sentencia final y vio a su divino Maestro cargado con la cruz, se creyó en el deber de comunicárselo a la Madre de Jesús. Y corrió hacia Ella. No se daba cuenta de que estaba siendo en aquellos momentos instrumento de la voluntad del Padre. María tenía que presenciar la crucifixión de su divino Hijo en calidad de Corredentora de la humanidad. Y san Juan, en medio de un sollozo inmenso, le da la terrible noticia: «¡Señora!

¡Condenado a muerte!». Debió lanzar María un grito desgarrador y acompañada del discípulo virgen se echó a la calle en busca de su divino Hijo. Y, de pronto, al doblar de una esquina… ¡Oh Virgen de los Dolores, qué caro te costamos…! Renuncio, señores, a describir la escena.

Y Jesucristo se cae con la cruz a cuestas. Se ve claramente que no podrá llegar al Calvario. Un hombre que regresa del campo es requerido para que le ayude. «¿Yo?, ¿por qué?, ¿qué tengo yo que ver con este?». Y como se resiste a cumplir la orden, le agarran por el cuello y…:

«¡Coge la cruz, si no quieres que te clavemos en ella a tí también!». Y a pesar de cogerla a regañadientes, Jesucristo le mira agradecido. Y se lo pagará espléndidamente. Aquel hombre –dice san Marcos– era Simón de Cirene, padre de Alejandro y de Rufo, dos excelentes cristianos de la Iglesia primitiva que aparecen en las epístolas de san Pablo. Un momento de vergüenza y de dolor. Llevando la cruz, del Maestro… ¡y la fe cristiana y la felicidad eterna de toda su familia! Espléndida recompensa la de Jesucristo, a los que le ayudan a llevar su cruz.

***

Han llegado a la cumbre del Calvario. Jesucristo tiene que pasar por la inmensa vergüenza de la desnudez total.

¡Tenía que reparar la inmensa desvergüenza de los que, llamándose cristianos, se desnudan sin rubor en las playas y en las calles de nuestras ciudades!

Le ofrecen un calmante para atontarle: vino mirrado con hiel. Jesucristo, fino y agradecido, lo prueba un poquito, pero no quiere beberlo. Lo dice expresamente el Evangelio. Quiere apurar hasta las heces el cáliz del dolor.

«¡Échate sobre el madero!», le dicen brutalmente los soldados. Y, obediente hasta la muerte, Jesucristo se tiende con los brazos extendidos sobre la cruz. Y al instante el primer clavo, de un golpe seco, cose su mano derecha al madero de nuestra redención.

Señores: en la Iglesia de Santa Cruz de Jerusalén, en Roma, se conserva uno de los clavos auténticos de la cruz de Nuestro Señor. Es imposible contemplarlo sin un estremecimiento de horror. No es un clavo liso, pulimentado; es un clavo de forja, cuadrilátero, desigual, con aristas y rugosidades. Estremece pensar el desgarro que aquel clavo debió causar en la carne divina de Jesús.

Debió retorcerse de dolor la divina Víctima (¿Te dolió mucho, Señor? ¡Yo te clavé ese clavo con mis pecados!). Pero los soldados continuaron su tarea impertérritos. Unos cuantos golpes más... y las manos y los pies quedan fuertemente sujetas al madero.

¡Arriba la cruz, para que todo el mundo la contemple! Y al dejarla caer de golpe sobre el agujero preparado de antemano para recibirla, debió lanzar un gemido de dolor, que sólo María recogió en su corazón y que se perdió en un clamoreo de blasfemias y de burlas.

¡Ya está levantado sobre el mundo el primer Crucifijo!

¡Ya está la augusta Víctima en lo alto de la cruz!

¡Cristianos! Caigamos de rodillas ante Él, golpeemos nuestro pecho y dispongámonos a oír su sublime, su divino, su maravilloso sermón de las Siete Palabras.

PRIMERA PALABRA

«Padre, perdónalos porque no saben lo que hacen»
(Lc. 23, 34)

Acababan de levantar en alto a Jesucristo clavado en la cruz. Y precisamente entonces: cuando se levantó aquel clamoreo de blasfemias y de insultos; cuando los silbidos del pueblo se mezclaron con las risotadas de los escribas y fariseos; cuando saboreando su triunfo lanzaron sus enemigos su reto definitivo: «¿Pues no eres tú el Hijo de Dios? Ahora tienes la ocasión de demostrárnoslo. ¡Baja de la cruz y entonces creeremos en tí y caeremos de rodillas a tus pies!)». Y dirigiéndose a la chusma añadirían sin duda: «¿Veis cómo teníamos razón? ¿Veis cómo no era más que un hechicero y embaucador?».

Y precisamente entonces: cuando Jesucristo hubiera podido ordenar a la tierra que se abriera y hundir para siempre en el infierno a aquellos energúmenos, precisamente entonces, «Jesús decía: Padre, perdónalos que no saben lo que hacen».

Decía. Así leemos en el Evangelio de san Lucas, único que recoge esta primera palabra de Cristo en la cruz. *Iesus autem dicebat...* No lo dijo una sola vez. Lo repitió varias veces: *decía.*

«¡Padre»!

¡Qué palabra en boca de un hijo moribundo! ¿Os acordáis? Cuando vuestro hijo se moría en la flor de su juventud; cuando mirándoos con ternura con aquellos ojos lánguidos y casi inexpresivos os dijo por última vez: «¡Padre, madre...!». ¡Cómo se os clavó en el alma esta palabra!

Al reo condenado a muerte no se le niega nada en la última hora. A un hijo que va a morir ¿qué se le podrá negar?

Jesucristo quiere conmover a su Eterno Padre. Y dirigiéndose a Él le dice con inefable ternura:

«Padre, *perdónalos*».

Jesucristo les reconoce culpables. Si no lo fueron no pediría perdón por ellos.

El mundo no conocía el perdón. «Sé implacable con tus enemigos», decían los romanos. El perdón era una cobardía:

«Ojo por ojo y diente por diente». Era la ley del talión que todo el mundo practicaba.

Y sin embargo el perdón es el amor en su máxima tensión. Es fácil amar; es heroico perdonar.

Pero hay un heroísmo superior todavía al mismo perdón. Escuchad.

«Que no saben lo que hacen».

Jesucristo: eres la verdad eterna. Se lo dijiste anoche a tus discípulos: «Yo soy el camino, la verdad y la vida». Eres la verdad infinita y eterna. Tenemos que creer lo que nos dices. Pero ¡qué difícil de entender nos resulta, Señor, lo que acabas de decir!

¿Qué no saben lo que hacen?

¡Pero si en aquella mañana de primavera, cuando te presentaste delante de Juan el Bautista y te bautizó en el río Jordán se abrieron los cielos sobre tí y apareció el Espíritu Santo en forma de paloma y el pueblo entero oyó la voz augusta de tu Eterno Padre, que decía: «Este es mi Hijo muy amado en el que tengo puestas todas mis complacencias. Escuchadle».

¿Que no saben lo que hacen?

¡Pero si te han visto caminar sobre el mar como sobre una alfombra azul festoneada de espumas!

¿Que no saben lo que hacen?

¡Pero si fueron cinco mil hombres, sin contar las mujeres ni los niños, los que alimentaste en el desierto con unos pocos panes y peces que se multiplicaban milagrosamente entre tus manos!

¿Que no saben lo que hacen?

¡Pero si hasta tus discípulos se estremecieron de espanto cuando te pusiste de pie en la barca, azotada por furiosa tempestad e increpando al viento y a las olas pronunciaste una sola palabra: ¡Calla...! y al instante el mar alborotado se transformó en un lago tranquilo, suavemente acariciado por la brisa!

¿Que no saben lo que hacen?

¡Pero si en todas las aldeas y ciudades de Galilea, de Samaria y de Judea has devuelto la vista a los ciegos y el oído a los sordos y el movimiento a los paralíticos, delante de todo el pueblo que te aclamaba y quería proclamarte rey!

¿Que no saben lo que hacen?

¡Pero si en medio de ellos están aquellos diez leprosos –carne cancerosa, bacilo de Hansen– y una sola palabra tuya: «¡Quiero, sed limpios!» bastó para transformar su carne podrida en la fresca y sonrosada de un niño que acaba de nacer!

¿Que no saben lo que hacen?

¡Pero si la muerte te devolvía sin resistencia sus presas!

¡Si te han visto resucitar a la hija de Jairo, todavía en su lecho de muerte, y al hijo de la viuda de Naím cuando le llevaban al cementerio! Y hace unos pocos días, a cinco kilómetros de Jerusalén, te acercaste al sepulcro de tu amigo Lázaro, que llevaba cuatro días enterrado y putrefacto. Y no invocando a Dios, sino con tu propia y exclusiva autoridad, le diste la orden soberana: «Lázaro, yo te lo mando, ¡sal fuera!», y como un muchacho obediente cuando se le da una orden, inmediatamente el cadáver corrompido se presenta delante de todos lleno de salud y de vida. ¡Y lo vieron los judíos, y lo vieron igualmente los príncipes de los sacerdotes, de tal manera que pensaron quitar también la vida a Lázaro, porque muchos creían en Ti por haberle resucitado de entre los muertos!

¿Cómo dices ahora que no saben lo que hacen?

¡Señor! Eres la suprema Verdad, tenemos que creer lo que nos dices, pero esto nos resulta muy difícil de entender.

¡Vaya si sabían lo que hacían! ¡Vaya si sabían lo que hacían...!

Anoche tuviste la osadía y el atrevimiento inaudito de decirle al príncipe de los sacerdotes que eras el Hijo de Dios; pero mucho antes habías tenido la osadía y el atrevimiento infinitamente mayor de demostrarlo plenamente. Eres el Hijo de Dios: lo habías demostrado hasta la evidencia.

¿Cómo dices, Señor, que no saben lo que hacen?

Y sin embargo, tienes razón, Señor. En realidad, en el fondo, no sabían lo que hacían aquellos desgraciados. No sabían lo que hacían, como no lo sabemos tampoco nosotros.

Porque tened en cuenta que Nuestro Señor Jesucristo, con su ciencia infinita, ciencia de Dios para la cual no hay futuros, ni pretéritos, sino un presente siempre actual, delante de la cruz nos tuvo presentes a cada uno de nosotros. Con tanto lujo de detalles, con tanta precisión en los matices como si no tuviese delante más que a uno solo de nosotros.

Y el Señor levantó su mirada al cielo y pidió perdón no sólo por aquellos escribas y fariseos, sino por cada uno .de nosotros en particular: uno por uno, en particular. Teología, no afirmaciones gratuitas, señores, teología; con su ciencia infinita Jesucristo, en lo alto de la cruz, nos tuvo presentes a cada uno de nosotros en particular. Pensó sin duda alguna en mí y pensó concretamente en ti cuando repetía muchas veces, según el Evangelio: «Padre, perdónalos que no saben lo que hacen».

No sabemos lo que hacemos, efectivamente.

¡Muchacho que me escuchas! Cuando te decides a pecar a costa del tesoro infinito de la gracia santificante; de esa gracia de Dios que es el precio de tu entrada en el cielo, el billete indispensable para entrar en la gloria; de esa gracia santificante que según el príncipe de la teología católica, santo Tomás de Aquino, en su más ínfima participación vale más y es infinitamente superior a toda la creación entera, incluyendo a los mismos ángeles; cuando haces entrega de ese tesoro divino, infinito, por un momento de sucio y bestial placer: ¡no sabes lo que haces!

Y tú, muchacha: la que te presentas elegantísimamente desnuda en aquella fiesta de noche. La que eres saludada y aclamada como reina de la fiesta en aquel ambiente de pecado... y ríes y gozas y te sientes feliz... ¡pobrecita!: ¡no sabes lo que haces!

Y aquel padre de familia que pisotea las leyes del matrimonio y tasa a su capricho la natalidad, que no se preocupa de la educación de sus hijos, que se dedica solamente a sus negocios lícitos o ilícitos: ¡no sabe lo que hace!

Y tantos y tantos otros como pudiéramos recordar recorriendo cada uno de los pecados en particular; cuando pecando nos apartamos de la ley de Dios, en realidad tenía razón Nuestro Señor Jesucristo: no sabemos lo que hacemos: *¡Padre, perdónalos porque no saben lo que hacen!*

Jesucristo no solamente perdona, no solamente olvida, lo que ya sería heroico; Jesucristo excusa y esto ya es el colmo del amor y del perdón. Busca una circunstancia atenuante como hubiera buscado hasta una eximente total si pudiera encontrarla entre sus verdugos. No pudo encontrarla puesto que pide perdón, y para Él, que es del todo inocente no se pide perdón. Les reconoció culpables. Pero ya que no podía encontrar la eximente total, al menos ofrece a su Eterno Padre una circunstancia atenuante: *porque no saben lo que hacen.*

Lección soberana dada por Nuestro Señor Jesucristo en lo alto de la cruz. Lección del perdón. Lección dura. A muchísima gente le resulta duro el sexto mandamiento, el séptimo, la honradez, la justicia social, etc. ¡Ah!, pero sobre todo, ¡qué duro resulta perdonar!

Cuando se ha metido en lo hondo del corazón el odio y el espíritu de venganza; cuando en virtud de aquel pleito, de aquella herencia, de aquella discusión acalorada la familia queda destrozada y el padre ya no se habla con el hijo, y los hermanos no se hablan entre sí ¡por unas miserables monedas que se estrellarán un poco más tarde sobre la losa del sepulcro…! Cuando se les ha metido el odio y el rencor en el alma, ¡qué difícil perdonar…! Por eso Nuestro Señor Jesucristo nos lo recordó en la cruz.

La doctrina del Evangelió, señores. Cristianismo íntegro.

La doctrina del Evangelio.

¡Cuántas veces lo repitió Jesucristo a lo largo de su predicación! Enseñó la necesidad imprescindible de perdonar si queremos obtener para nosotros el perdón de Dios:

«**Amad a vuestros enemigos, orad por los que os persiguen y calumnian, devolved a todos bien por mal. Porque si sólo amáis a vuestros amigos, ¿qué recompensa merecéis? ¿No hacen eso también los publicanos? Y si solamente saludáis a vuestros hermanos y amigos, ¿qué tiene eso de particular? Los mismos paganos lo hacen. Sed perfectos como vuestro Padre celestial es perfecto**».

«**Bienaventurados los misericordiosos porque ellos alcanzarán misericordia**».

«**Con la misma medida que midiéreis a los demás, seréis vosotros medidos**».

«**Perdónanos nuestras deudas así como nosotros perdonamos a nuestros deudores**» (**Así como nosotros perdonamos...** *de la misma manera,* **¡estás leyendo tu sentencia de condenación, tú que rezas el Padrenuestro sin querer perdonar!**).

«**Señor, ¿hasta cuántas veces tengo que perdonar?, ¿hasta siete veces? No. Sino hasta setenta veces siete**», o sea, siempre que tu hermano te ofendiere, sin tope ni límite alguno.

«**Padre, perdónalos porque no saben lo que hacen**».

Esta es la doctrina de Jesucristo: clara, terminante; ineludible. ¡Maravillosa doctrina que el mundo no estaba acostumbrado a oír!

¡Qué bien la entendieron, qué bien la llevaron a la práctica los grandes discípulos del Crucificado! Un san Esteban, el protomártir, que cuando le estaban apedreando ve que se le abren los cielos y lanza aquella sublime exclamación imitando al divino Maestro: «Señor, no les tengas en cuenta este pecado».

Y después de san Esteban, tantos y tantos millones de mártires como han dado testimonio de Cristo perdonando de todo corazón a sus verdugos.

Como aquel sacerdote de la gloriosa Cruzada Nacional, que cuando estaban a punto de fusilarle, dijo: «Esperad un momento, esperad un momento nada más. Concededme esta dicha suprema de poderos bendecir. Os bendigo, con toda mi alma. En el nombre del Padre, del Hijo y del Espíritu Santo».

Como una santa Juana de Chantal, que perdonó de tal manera al que mató a su marido, que llegó a ser madrina de bautismo de uno de sus hijos; acción heroica que estremeció al mismo san Francisco de Sales.

Como el hijo de Luis XVI, el rey católico de Francia, cuando cayó en manos de sus verdugos. Cuando el carnicero Simón le estaba atormentando y le decía con sádico sarcasmo: «Dime, muchacho, dime: si llegases algún día a ocupar el trono de Francia, tú que eres el príncipe heredero, y me tuvieses en tus manos, ¿qué me harías; qué me harías si me tuvieses en tus manos?». Y aquel muchacho, educado cristianamente por sus padres, le contestó sin vacilar: «Te perdonaría de todo corazón».

¡Ese es el perdón cristiano! ¡Esa es la palabra y el ejemplo de Cristo! ¡Qué bien lo saben imitar los verdaderos discípulos

de un Dios que en la cruz clavados
tiene ya por los pecados
de todos los pecadores
¡de tanto abrirlos de amores
los brazos descoyuntados...!

Hay que perdonar. Es muy duro, pero fíjate bien, tú que odias, tú que te niegas a perdonar. Viernes Santo. Escuchando las Siete Palabras de Nuestro Señor Jesucristo clavado en la cruz, la ley soberana del perdón. Tú que tienes un odio en el corazón. Tú que no quieres perdonar fíjate bien. Mira, si esa persona que te ha ofendido a tí injustamente (voy a suponer que tienes tú toda la razón del mundo), si esa persona que te ha ofendido se arrepiente de su pecado y le pide perdón a Dios, se salvará aunque tú no le quieras perdonar. Le puede importar muy poco que tú le perdones o le dejes de perdonar. En cambio tú, que no le quieres perdonar (fíjate bien, no te eches tierra en los ojos para no ver estas cosas tan claras, fíjate bien), ¡te vas a condenar para toda la eternidad!

De manera que tratando de vengarte de tu enemigo, no te das cuenta de que en realidad te estás clavando una puñalada, en tu propio corazón. ¡Quieres vengarte de tu enemigo y en realidad te estás vengando de tí! Él se puede reír de tu ira e indignación. Si le pide perdón a Dios, va al cielo. En cambio si tú no le perdonas vas al infierno para toda la eternidad. ¿Cómo no ves que estás haciendo un mal negocio, que eres verdugo de tí mismo? Si no quieres perdonar, fíjate bien, no soy yo, es Cristo quien lo dice:

«Con la misma medida con que midiéreis a los demás, seréis medidos vosotros».

Si la muerte te sorprende con ese rencor en el alma, no te quepa la menor duda, ni te hagas ilusiones: descenderás al infierno para toda la eternidad. ¡Pobrecito que me escuchas!, en la tarde del Viernes Santo ¿no te decidirás a salvar tu alma perdonando *de corazón* a tu enemigo... volviendo a hacer las paces con tu familia destrozada?

—«Es que no lo merecen por la villanía de su ofensa».

¡Y qué más da que no lo merezcan! Lo merece Cristo y lo merece también la salvación de tu propia alma, que se pierde sin remedio si te obstinas en tu negativa de perdón.

Parábola maravillosa de Nuestro Señor Jesucristo, señores.

«El reino de los cielos es semejante a un rey que quiso tomar cuentas a sus siervos. Al comenzar a tomarlas se le presentó uno que le debía diez mil talentos una fortuna colosal, pero como no tenía con qué pagar, mandó el señor que fuese vendido él, su mujer y sus hijos y todo cuanto tenía, y saldar la deuda. Entonces el siervo, cayendo de hinojos, dijo: Señor, dame espera y te lo pagaré todo. Compadecido el señor del siervo aquel le despidió, condonándole la deuda.. En saliendo de allí, aquel siervo se encontró con uno de sus compañeros que le debía cien denarios, y agarrándole le sofocaba diciéndole: Paga lo que debes.

De hinojos le suplicaba su compañero, diciendo: Dame espera y te pagaré. Pero él se negó, y le hizo encerrar en la prisión hasta que pagara la deuda. Viendo esto sus compañeros, les desagradó mucho, y fueron a contar a su señor todo lo que pasaba. Entonces hízole llamar el señor, y le dijo: Mal siervo, te condoné yo toda tu deuda, porque me lo suplicaste. ¿No era, pues, de ley que tuvieses tú piedad de tu compañero, como la tuve yo de tí? E irritado, les entregó a los torturadores hasta que pagase toda la deuda. Así hará con vosotros mi Padre celestial si no perdonare cada uno a su hermano de todo corazón».

Es Jesucristo, señores, la Verdad Eterna, quien pronunció esta parábola. ¿ No quieres perdonar? ¡Pues te condenas!, no te hagas ilusiones: te vas al infierno para toda la eternidad. Te lo recuerda la primera palabra de Jesucristo en la cruz.

¿Dices que te han ofendido demasiado? Escúchame: ¿Han llegado a clavarte en una cruz? ¿Están chorreando sangre tus manos y tus pies? Pues cuando clavado en la cruz, cuando chorreando sangre sus manos y sus pies, cuando las burlas y las blasfemias, precisamente entonces es cuando Jesucristo Nuestro Señor decía con inefable dulzura: «Padre, perdónalos porque no saben lo que hacen».

No tienes excusa. Si después de este sublime ejemplo de Jesucristo compareces delante de Dios con ese odio, te pierdes para toda la eternidad. ¡Ten valor! No por él, si no quieres; no por ese enemigo tuyo, sino por Cristo, por amor al divino Crucificado, por compasión hacia tu pobre alma que se va a perder por toda la eternidad. En esta noche de Viernes Santo, al pie de un crucifijo, ten el valor de decir: ¡Señor, voy a perdonar con toda mi alma! Voy a tomar la iniciativa de ofrecer el perdón aunque yo sea el ofendido.

Y si tu enemigo no te quiere perdonar, tú ya has cumplido, ya has hecho de tu parte lo que Cristo te exige para darte su perdón. Pero dile de verdad a Cristo que quieres perdonar de todo corazón a tu enemigo, hoy a los pies de un crucifijo, en esta noche del Viernes Santo.

Y si no tienes el valor de llegar hasta el supremo heroísmo de Nuestro Señor Jesucristo pronunciando su fórmula, que no solamente perdona, que no solamente olvida, sino que incluso excusa al culpable, al menos pronuncia esta otra que es absolutamente indispensable para obtener la salvación eterna de tu alma: «¡Padre, perdónalos aunque sepan lo que hacen!».

SEGUNDA PALABRA

«Hoy estarás conmigo en el Paraíso»
(Luc 23, 43)

Aún resonaba dulcemente, en lo alto de la colina del Calvario, el eco del perdón de Jesús cuando ocurrió otra escena de inmensa emoción y llena de fecundas enseñanzas para nuestra vida cristiana. Dice el Evangelio que a la derecha y a la izquierda de Jesucristo fueron crucificados dos ladrones. Dos facinerosos: el que luego resultó el buen ladrón, que era precisamente el que estaba a la derecha de Jesucristo, y el que resultó el mal ladrón, que era precisamente el que estaba a la izquierda del Señor.

Tal vez no les correspondía aquel día ser crucificados. Estaban condenados a muerte, pero seguramente hubieran sido ajusticiados después de los días solemnes de la Pascua de los judíos. Pero acaso para dar más brillantez al espectáculo de la crucifixión de Nuestro Señor Jesucristo fueron crucificados juntamente con Él, uno a su derecha y otro a su izquierda.

Al principio quizá comenzaron a blasfemar los dos ladrones; así lo insinúan san Mateo y san Marcos. San Lucas parece dar a entender que solamente uno de ellos comenzó a blasfemar del Señor. Sea de ello lo que fuere, al menos el ladrón que tenía a la izquierda comenzó a increpar a Jesucristo, repitiendo lo que estaba oyendo a los escribas y fariseos, a los jefes de la sinagoga: «¡Si eres el Hijo de Dios, baja de la cruz, sálvate a tí mismo y sálvanos a nosotros, y entonces creeremos en tí».

Jesucristo escuchó en silencio esas blasfemias. Estaba crucificado escasamente a dos metros de distancia. Acaso dirigió una suave mirada, llena de amor y misericordia hacia aquel desgraciado, volviendo la cabeza hacia la izquierda, y... calló. Tal vez −es muy probable− repitió, para él solo, la palabra de perdón que acababa de pronunciar; porque ya os he dicho antes que el Evangelio emplea la expresión *decía*, lo cual quiere decir que la iba repitiendo, la dijo muchas veces. Y acaso una de las veces, levantando sus ojos al cielo, dijo: «Padre, perdónale, porque no sabe lo que hace ni lo que dice».

En realidad, no tenía él toda la culpa. Lo estaba oyendo a sus jefes en aquellos mismos momentos. No tenía él toda la culpa. Siempre el inductor es más culpable que el ejecutor material de un crimen.

El otro ladrón, el colocado a la derecha, tal vez al principio comenzó a blasfemar también, como insinúan san Mateo y san Marcos; aunque san Lucas afirma que fue solamente el de la izquierda. Lo cierto es que al contemplar el heroísmo sublime de Nuestro Señor Jesucristo, al escuchar el eco dulcísimo de su palabra de amor y de perdón, al ver de qué manera recibía aquella tempestad de insultos y de risotadas y blasfemias... con aquella paz y aquella mansedumbre, y aquella humildad tan profunda... y, sobre todo, bajo el influjo de la gracia de Dios, que se iba insinuando poco a poco en su corazón para irlo reblandeciendo y en su inteligencia para iluminarla, se verificó en el buen ladrón una profunda transformación psicológica. Y de pronto, en medio de aquella espantosa tortura, devorado ya por la fiebre –a los ajusticiados les subía en seguida la temperatura a treinta y nueve o cuarenta grados–, haciendo un esfuerzo para volverse hacia su compañero y encontrándose con la mirada de Jesucristo en el centro, atravesó la cruz del Señor para poner sus ojos en su compañero, y le dijo: «¿Ni siquiera a la hora de la muerte temes a Dios?».

Se siente apóstol y quiere conquistar el alma de su compañero. Quiere también que arrodille su alma ante Cristo: «¿Ni siquiera a la hora de la muerte temes a Dios? Tú y yo estamos muy bien crucificados, porque hemos sido unos criminales, pero este que está en medio de los dos nada malo ha hecho; este es inocente».

Confesión humilde de sus culpas. Se reconoce culpable: «Tú y yo somos criminales, estamos muy bien crucificados, pero este es inocente».

¡Qué maravillas obra la gracia de Dios cuando cae de lleno sobre un corazón que no le pone obstáculos! ¡Dios mío! Y esto no es más que el preludio de una obra de arte, el pórtico de una maravillosa catedral.

Vamos a penetrar en el santuario. Sigamos escuchando al buen ladrón.

Acaba de hablar con su compañero. Ha querido enternecerle, ha querido comunicarle sus propios pensamientos; pero en la mirada llena de odio de aquel malvado, en su gesto torvo, en su manifiesta obstinación, comprendió que estaba perdiendo el tiempo. Y dirigiéndose a Nuestro Señor Jesucristo le dice sencillamente:

«Señor...».

¡Pobrecito ladrón!, estás delirando, no sabes lo que dices; cuarenta grados de fiebre, estás delirando. ¿Señor un ajusticiado desnudo, abandonado de todos, colgado de una cruz y escarnecido de la plebe y de los jefes? ¡Pobrecito, estás delirando, no sabes lo que dices!

Pero el ladrón continúa impertérrito:

«Acuérdate de mí...».

¡Qué soberana invocación! ¡Qué plegaria!: «Acuérdate de mí». No le pide un lugar en su reino, no le pide un trono; no cree merecerlo. Él sabe que no lo merece: es un criminal. Simplemente le dice: «Acuérdate de mí». Un recuerdo nada más. ¡Qué bien había comprendido el Corazón de Cristo!, ¡qué de cosas le había revelado la gracia de Dios en unos instantes!, ¡qué maravilla de la gracia!

«Señor, acuérdate de mí». Imitando a los grandes santos, las disposiciones de las almas perfectísimas, que nunca piden a Dios nada concreto, sino que cumpla en ellas su divina voluntad. Alargando su mano de mendigo y pordiosero dice sencillamente: «Señor, acuérdate de mí».

Cuando Lázaro, el amigo íntimo de Jesucristo, estaba gravemente enfermo y sus hermanas envían un recado al divino Maestro ausente, y le dicen: «Señor, el que amas está enfermo», no le dicen que vaya a curarle, no le dicen que vaya a hacer el milagro. Simplemente le dan la noticia con una confianza inmensa: «El que amas está enfermo». ¡Conocían a fondo el Corazón del divino Maestro!

Si Él se entera que nuestro hermano está enfermo, Él le curará. ¡Con qué sencillez y confianza se lo dicen!

Sin embargo, esto no debe maravillarnos demasiado, porque las hermanas de Lázaro, Marta y María, conocían a fondo el Corazón del divino Maestro. Pero que un ladrón cargado de crímenes monstruosos, a la hora de la muerte se inunde su alma de una claridad tan grande que de un salto se coloque en las disposiciones más perfectas de las almas santas, de los amigos íntimos de Jesús, y que le diga: «Señor, acuérdate de mí!», no te pido nada más que un recuerdo, todo lo demás corre por tu cuenta... ¡es sencillamente sublime!

Y todavía añade: «Acuérdate de mí cuando llegues a tu reino».

A tu reino, fijaos bien. ¡Pobrecito! No cabe duda; está delirando, no sabe lo que dice: «Acuérdate de mí cuando llegues a tu reino». Y no lo dice dudando: *si llegas* a tu reino; no dice eso, sino: *cuando llegues* a tu reino. Está seguro de que llegará; y está seguro de que su reino no es de este mundo, puesto que aquel ajusticiado que tiene a su izquierda ha de morir dentro de unos instantes. Sabe muy bien que su reino no es de este mundo. ¿Quién se lo ha dicho? ¿Quién se lo ha revelado? ¡Qué maravilla de la gracia! Una inundación de luz en la inteligencia, una inundación de gracia en su corazón. Y en aquel instante –vuelvo a repetir– se planta de un salto en las disposiciones de las almas más perfectas, de los amigos íntimos de Jesús: «Señor, acuérdate de mí cuando llegues a tu reino».

Y Jesucristo, que no respondía a las blasfemias y a los insultos más que para perdonarlos; Jesucristo, que calló cuando el mal ladrón le estaba insultando; Jesucristo, desde lo alto de la cruz, contestó en el acto al buen ladrón y le contestó divinamente, a lo Dios. Le pedía un recuerdo y le dice: «Hoy estarás conmigo en el paraíso». Hoy mismo, esta misma tarde, antes de que el sol se ponga.

¡Señores! Estas palabras, según san Agustín, constituían un verdadero juramento. La palabra de Jesús se tenía que cumplir. El cielo y la tierra pasarán, pero las palabras del Hijo del hombre no pasarán jamás. Aquella misma tarde se cumplieron en el buen ladrón.

Santo Tomás de Aquino, príncipe de la teología católica, dice que aquella tarde comunicó Cristo al buen ladrón la visión beatífica. No tuvo que esperar en el limbo o seno de Abraham a que se realizara la redención del mundo, como los Patriarcas y Profetas del Antiguo Testamento; porque, como explica santo Tomás, aquella misma tarde comunicó Cristo la visión beatífica a todos los justos del Antiguo Testamento que estaban esperando la redención.

«Hoy, hoy mismo estarás conmigo en el paraíso». Y una vida de crímenes, una vida de excesos, una vida de pecados monstruosos, desembocó en el cielo sin purgatorio alguno. Su humildad, su fervor, su arrepentimiento, su fe en el divino Maestro, los tormentos de la crucifixión, equivalieron a las pruebas purificadoras y aquella misma tarde ¡la visión beatífica!

Señores, ¿quién podrá explicar el amor y la misericordia de Jesucristo, Redentor de la humanidad? Basta decir: ¡perdón! para que en el acto se nos cierren las puertas del infierno y se nos abran de par en par las puertas de la gloria.

Señores: en la vida del gran apóstol medieval san Vicente Ferrer, se lee una anécdota verdaderamente conmovedora y emocionante: después de uno de aquellos sermones tan encendidos que brotaban de los labios del gran apóstol valenciano, se le acercó un pecador que llevaba muchos años sin confesarse. Se confesó con un arrepentimiento vivísimo. El santo estaba profundamente conmovido. Tan conmovido, que a pesar de que su penitente había llevado una vida tan desastrada, entregada de lleno a toda clase de crímenes y pecados, le puso una penitencia muy pequeña; porque gran teólogo como era san Vicente Ferrer, formado en los libros de santo Tomás de Aquino sabía que lo único que interesa en el momento de confesar un pecado es el arrepentimiento vivísimo, la profunda humildad con que le pedimos perdón a Dios. Y le vio tan arrepentido que le puso una muy ligera penitencia. Pero entonces aquel gran pecador, que esperaba una penitencia gravísima, porque creía que la merecía, al ver que le ponía una tan ligera e insignificante, se echó a llorar a los pies de san Vicente Ferrer y le dijo: «¡No!, esa penitencia no la puedo aceptar. Tiene que ser mucho mayor, muchísimo mayor, como merecen mis pecados». Entonces san Vicente Ferrer, dándose cuenta de que el pobre pecador estaba mucho más arrepentido de lo que él pensaba, lejos de aumentarle la penitencia se la rebajó la mitad. Y fue tal el arrepentimiento, fue tal la emoción que se apoderó de aquel hombre al ver de qué manera tan benigna le acogía y abrazaba el ministro y representante de Jesucristo, fue tan profundo su dolor de contrición, que cayó muerto a los pies de san Vicente Ferrer. Y el gran santo, en visión intelectual, vio el alma de aquel pecador que entraba inmediatamente en el cielo sin pasar por el purgatorio. Se había cumplido también al pie de la letra la sublime palahra de Jesucristo: «Hoy mismo estarás conmigo en el paraíso».

Señores, ¡qué maravillosa la segunda palabra de Jesucristo en la cruz! ¡Qué libro de meditación, qué de cosas nos dice!

Por de pronto, fijémonos en la escena.

Tres cruces en lo alto del Calvario: el inocente en el centro, el penitente a la derecha, el obstinado a la izquierda.

Tres cruces. Reflejo, símbolo de toda la humanidad caída, de todos los hombres sin excepción.

Todos tenemos que sufrir, todos tenemos que llevar una cruz por las buenas o por las malas. Porque todos somos pecadores; y el dolor, la cruz, es el castigo del pecado. Os lo explicaré más detenidamente al comentar la cuarta palabra de Cristo en la cruz.

Todos somos pecadores, todos tenemos que sufrir, por las buenas o por las malas. ¡Qué poquitos pueden sufrir en plan de inocentes! Con inocencia total y perfecta, solamente Jesucristo Nuestro Señor y la Santísima Virgen Nuestra Señora, la Corredentora del mundo, la Reina y Soberana de los mártires. Ellos no tenían nada que sufrir por sus pecados personales, puesto que no tenían absolutamente ninguno; pero habían querido representar, voluntariamente, a todos los pecadores del mundo y tuvieron que padecer aquel espantoso martirio. Padecieron en plan de inocentes, para salvar al mundo entero.

Otros tienen que padecer en plan de penitentes. ¡Bendita penitencia! Aquella María Magdalena, mujer tan bella como depravada, pero que se hace después, por la penitencia, una santa de primera categoría. Aquel Pedro que la noche del Jueves Santo negó tres veces al divino Maestro, pero que después se le formaron dos surcos en las mejillas de tanto llorar aquel pecado. Aquel Agustín, este Dimas el buen ladrón, y tantos y tantos pecadores…

San Pedro de Alcántara se apareció después de muerto a santa Teresa de Jesús, que le había conocido en vida, y le dijo resplandeciente de luz: «¡Bendita penitencia que me ha granjeado una gloria tan grande!». Se lo dijo a santa Teresa resplandeciente de luz.

Pero hay también la cruz de los obstinados. Tienen que sufrir también –es inevitable–, pero sufren en medio del paroxismo de su rabia y desesperación. Sufrirán, mal que les pese. Sufrirán en este mundo y, si no rectifican a tiempo, sufrirán eternamente en el infierno. Sufrirán mal que les pese, porque son pecadores y más pecadores que nadie, ya que pecan con protervia y obstinación. Tendrán que llevar la cruz. Con rabia y desesperación, con blasfemias e injurias contra el cielo. Lo que quieran, pero tendrán que llevar la cruz en este mundo y tendrán que descender después por toda la eternidad al infierno. ¡Qué terrible panorama!

Las tres cruces del Calvario: el inocente, el penitente y el obstinado satánico.

Todos tenemos que sufrir, señores, pero estamos a tiempo de escoger nuestra propia cruz.

No podremos escoger la cruz de la inocencia, pero a nuestra disposición está la cruz de la penitencia, que desemboca en el cielo.

Pero quiero detenerme en otro aspecto que desde el punto de vista teológico es más impresionante todavía que el que acabo de estacar.

Porque en esta segunda palabra de Jesucristo en la cruz se nos aclara el tremendo misterio de nuestra eterna predestinación.

Es dogma de fe católica: Dios quiere que todos los hombres se salven. Y lo quiere con esa seriedad que hay en la cara de Cristo crucificado. Si alguno dijere que Dios desea positivamente la condenación de un solo hombre predestinándole al infierno haga lo que haga, tanto si es bueno como si es malo, sepa que está diciendo una blasfemia, una verdadera herejía condenada por la Iglesia. Dios quiere que todos los hombres se salven. Y lo quiere, vuelvo a repetir, con esa seriedad que hay en la cara de Cristo crucificado.

¡Ah!, pero ha puesto en nuestras manos nuestra libertad. A todos los hombres del mundo, incluso al último nativo que no ha recibido la visita del misionero, ni ha oído hablar jamás de Jesucristo, le toca Dios el corazón, le ilumina la inteligencia y le da las gracias suficientes, *suficientísimas,* para salvarse si él quiere.

¡Pero tiene que querer!

Porque Dios Nuestro Señor ha puesto en nuestras manos nuestra propia libertad, y tiene un respeto terrible, verdaderamente imponente, a nuestra propia libertad.

¡Respeta nuestra libertad! No quiere nuestra salvación a empujones, no quiere llevarnos al cielo a la fuerza. Está dispuesto a recibirnos a todos con los brazos abiertos, tan abiertos que los tiene clavados en la cruz para recibir y acoger a todos los pecadores. Basta una sola palabra:

«¡Perdóname, Señor!», para que nos perdone en el acto. Por Él no quedará. Dios quiere la salvación de todo el género humano, absolutamente de todos.

Pero quiere que queramos, quiere que cooperemos. Y si no pronunciamos esa palabra de arrepentimiento, rechazando con verdadero dolor de corazón nuestros propios pecados, estamos perdidos para toda la eternidad. Cristo lo sentirá mucho, mejor dicho lo sintió mucho cuando estaba clavado en la cruz. Te estuvo viendo, pecador, cómo te alejabas de Él protervo y obstinado. ¡Cómo lloraba, cómo pedía perdón por ti! Pero tropezaba con el decreto inexorable del Eterno Padre: el respeto a la libertad humana. El que quiere salvarse se salva, pero el que se empeñe en condenarse se condena. Contra la voluntad de Dios, pero precisamente porque Dios ha dejado en nuestras manos el libre albedrío y tiene un respeto aterrador, terrible, a nuestra propia libertad. El que quiere salvarse se salva, pero el que se empeña en condenarse se condena.

¡Cuántos Gestas, cuántos Dimas en el mundo de hoy y a todo lo largo de los siglos de la Historia!

Cuántos Gestas que están oyendo, mejor dicho, que no están oyendo este sermón de las Siete Palabras; porque cuando esta noche han puesto la radio buscando música de baile, al ver que las emisoras españolas, que tienen un sentido católico tradicional, están trasmitiendo sermones o los Oficios litúrgicos de Semana Santa, han sincronizado con una radio extranjera y han organizado un baile y ríen a carcajada limpia. No están oyendo el sermón, pero aunque lo oyeran sería igual, porque tienen el corazón endurecido y sólo les serviría de motivo de burla y escarnio de los misterios más augustos de nuestra fe. ¡Qué carcajadas lanzarían! «¡Qué cosas dicen los cristianos…! ¡Dios…! Dios, si existiera, no se preocuparía de nosotros; pero es que además no existe, ni existe tampoco el infierno. ¡Me río de todo eso!».

¡Desgraciado!, no sabes lo que dices. ¿Acaso porque lances tu carcajada volteriana dejará el infierno de existir? Si tú dices ¡no!, pero Dios dice ¡sí!, será ¡sí! para toda la eternidad.

—«Es que yo no creo».

—¡Y eso qué importa! Las cosas de Dios son como Dios ha querido que sean, no como se te antojen a tí. Vuelvo a repetírtelo, quiero que mis palabras se te claven en el alma: si tú dices ¡no!, pero Dios dice ¡sí!, será ¡sí! para toda la eternidad.

Un alma grande, señores, un alma muy de Dios, que murió hace unos años en olor de santidad y cuyo proceso de beatificación ha sido ya incoado, dejó escrito en sus apuntes íntimos que Dios Nuestro Señor le hizo ver en repetidas ocasiones el infierno y oír el grito de horror que lanza un alma cuando cae para siempre en él. En el momento en que un alma se precipita en el infierno lanza un grito espantoso: «¡Maldición! ¡Horror! ¡Era verdad! ¡Me equivoqué! ¡Para siempre!». Lo oyó muchas veces esa alma santa: está incoado su proceso de beatificación.

¿No lo crees? ¿Te ríes? ¡Pobre de ti! Esa carcajada sarcástica tendrá una resonancia trágica para toda la eternidad en el infierno. ¡Sigue ahora gozando, sigue ahora riendo! ¡Pobre de ti…! ¡La que te espera toda la eternidad! Eres Gestas, el protervo, el obstinado. Está viendo en estos días tantos ejemplos salvadores, respiras el ambiente cristiano que te rodea por todas partes, oyes las campanas de las iglesias, ves a la gente que sale de las funciones litúrgicas, contemplas las procesiones de Semana Santa, acaso has oído un fragmento del sermón… pero tienes el alma dura: eres Gestas, y te revuelves en medio de tu rabia y de tu desesperación contra ese Dios que prohíbe tantas cosas que tienes metidas en el alma: tantas pasiones, tantas injusticias, tantos atropellos, ¡eres Gestas! y no te quieres someter. Has oído el perdón de Cristo, sabes muy bien, como lo supo aquel infeliz, que basta una sola palabra de arrepentimiento para obtener plenísimamente el pendón de Jesucristo; y sin embargo, te vuelves enfurecido contra Él y rechazas su perdón y prefieres morir impenitente.

Es, señores, el misterio insondable de la libertad humana. ¡Cuántas cosas vio el mal ladrón desde lo alto de su cruz! Escuchó aquella palabra sublime de Nuestro Señor Jesucristo: «Perdónalos, porque no saben lo que hacen». Vio de qué manera perdonaba a su compañero toda una vida de crímenes ante una sola expresión de dolor. Un poquito más tarde vio cómo saltaba la roca del Calvario, en medio de aquel espantoso terremoto. Vio las tinieblas, y de qué manera se golpeaba el corazón el centurión:

«¡Verdaderamente Este era el Hijo de Dios!»; y a pesar de todo ello permanece obstinado y rebelde. ¡Es el misterio insondable, señores, de la libertad humana, luchando, forcejeando contra la misericordia de Dios! ¡Cuántos Gestas se agitan todavía sobre el mundo de hoy!

Pero también –y esta es la contrapartida infinitamente consoladora– ¡cuántos Dimas, cuántos buenos ladrones que han sabido arrepentirse a tiempo! Después de tantas injusticias, después de haber robado tantas cosas, han sabido robar también a la infinita misericordia de Dios el cielo para toda la eternidad.

¡Cuántos Dimas a través de la Historia, cuántos pecadores que se han vuelto a Dios y han encontrado a la vez la alegría en su corazón! En mi vida de misionero ¡cuántas veces se me han acercado los pecadores después de una misión: «¡Padre, padre, qué alegría, qué felicidad!», y me han bañado con sus lágrimas mis manos consagradas de sacerdote de Cristo al encontrar el perdón de Dios. ¡Qué alegría se apodera de ellos! ¡Cuántos Dimas, cuántos buenos ladrones que volvían a la casa del Padre, cuántos arrepentidos!

Tú, pobre pecador que me escuchas, tú podrías ser también uno de ellos.

–«Pero, Padre, yo he pecado demasiado. ¡Tengo la conciencia cargada con tantos crímenes! ¡He pisoteado todos los mandamientos de la Ley de Dios!».

¡Calla! ¡Cállate, que el pecado más grave que has cometido en toda tu vida es precisamente este que estás cometiendo en estos momentos al decir: «Soy demasiado pecador; Dios ya no me puede perdonar». ¡Calla!, que ese es el más grave de todos los pecados que se pueden cometer.

Óyeme bien: tú, el que has sido un criminal, el que has pisoteado todos los mandamientos de la Ley de Dios, sin dejarte uno solo por activa y por pasiva, y con circunstancias agravantes de verdadero refinamiento; tú que llevas tantos años de crimen y de pecado, óyeme bien. Si te decides a volver a Dios no tendrás que emprender una larga caminata: basta un sollozo inmenso que estalle en tu corazón al decir ¡perdóname, Señor, perdóname! Basta eso. Al instante Cristo Nuestro Señor te perdonará: «Pronto, el vestido de boda como al hijo pródigo, arrancadle esos harapos, quitadle las alpargatas sucias, ponedle el anillo en el dedo y matad el mejor ternero cebado que tengamos en nuestro establo; porque es preciso celebrar un gran banquete, ya que este pobre hijo mío estaba muerto y ha resucitado, le había perdido y le he vuelto a encontrar». ¡Tú puedes ser un santo en la Iglesia de Dios Nuestro Señor!

¡Ah, señores, cuándo comprenderemos el amor y la misericordia infinita de Dios! ¡Cuándo entenderemos el Corazón de Cristo, su infinita compasión y misericordia para con los pobres pecadores!

Señores: si Judas, aquel infame traidor que cometió el pecado más horrendo que registra la historia de la humanidad entregando con un beso de traición al Redentor del mundo; el pecador número uno de toda la humanidad, que a pesar de convivir tanto tiempo con Él no llegó a comprender el Corazón del divino Maestro; si Judas, digo, se hubiera arrepentido de su pecado y se presenta en la colina del Calvario, y cayendo de rodillas delante de la cruz de Cristo lanza este grito desgarrador: «¡Perdóname, Señor!», Jesucristo no hubiera pronunciado en la cruz siete palabras, sino ocho. Y la octava palabra, la que hubiese pronunciado sobre Judas el traidor, hubiera sido esta: «Tú serás columna de mi Iglesia, al lado de Pedro y de Juan». Y hoy veneraríamos en nuestros altares al Apóstol san Judas, el que entregó a Nuestro Señor.

¡Pecador que me escuchas! ¡Estás a tiempo todavía, ¡estás a tiempo todavía! Aunque tengas la conciencia cargada con todos los crímenes imaginables, si le dices de verdad a Jesucristo: «Señor, perdóname», Cristo te dirá: «Hoy, hoy mismo, al caer de la tarde, al atardecer de tu vida –porque dice la Sagrada Escritura, señores, que mil años son ante Dios como el día de ayer que ya pasó, ¡como un solo día mil años!, de manera que las setenta u ochenta que tenemos que vivir en este mundo son como unos instantes– hoy, hoy mismo, al atardecer de tu vida, estarás conmigo en el paraíso».

TERCERA PALABRA

«Mujer, ahí tienes a tu Hijo... Ahí tienes a tu Madre»
(Jn 19, 26-27)

No es una escena sentimental inventada por algún poeta cristiano para conmover a los hombres. No se trata del guión cinematográfico de una terrible tragedia. Lo dice expresamente el Evangelio: *Stabat iuxta crucem Iesu Mater eius:* «Estaba junto a la cruz de Jesús, su Madre». Lo dice expresamente el Evangelio.

¡Pobrecita! Lo ha contemplado todo. Ha visto cómo desnudaban a su divino Hijo. Ha sentido en su carne virginal el dolor profundo del divino Mártir cuando le taladraban las manos y los pies para coserlos al madero de la cruz. Ha escuchado su primera y segunda palabras llenas de perdón, de amor y de misericordia. Ve que se está muriendo de sed en medio de espantosos tormentos.

Cuando matan a un corderuelo, apartan a la pobre ovejita para que no lo contemple. María tiene que estar allí.

¡Tiene que estar allí! Esfaba predestinado por Dios.

¡Qué maravillosa antítesis o paralelismo antitético: Adán-Eva, Cristo-María! Adán nos perdió a todos con la complicidad de Eva. Cristo nos salvó a todos, iba a decir, con la complicidad de la Santísima Virgen María. Tenía que ser la Corredentora de la humanidad y lo fue. Por eso permaneció de pie en lo alto de la colina del Calvario, junto a la cruz de Jesús. Martirio inefable. Absolutamente indescriptible.

¡Pobrecita! ¡Cómo hubiera querido abrazarse a la cruz, para socorrer a su divino Hijo! Pero la apartaron brutalmente. No la dejaron acercar.

En nuestro Museo del Prado hay un cuadro magnífico que representa a san Bernardo indeciso, vacilante. No sabe qué hacer. Tiene delante un gran crucifijo y a la Virgen Santísima de los Dolores contemplándole. El artista ha sabido recoger genialmente el instante en que san Bernardo no sabe donde mirar, si a Cristo o a la Virgen, a la Virgen o a Cristo.

Son dos estrofas de una única sinfonía. Son dos episodios de un mismo drama, del drama redentor. La Santísima Virgen María, la Corredentora de la humanidad, contemplando el martirio inefable de Nuestro Señor, mezclando las lágrimas virginales de sus ojos purísimos a las gotas de sangre que iban corriendo desde lo alto de la cruz. Son dos aspectos de un mismo y gigantesco drama.

La Virgen María es nuestra Corredentora. Nos salvó juntamente con Nuestro Señor Jesucristo. Pero ¡a precio de qué dolor!

El martirio de la Santísima Virgen María es incomparablemente más trágico que el sacrificio que se le pidió al Patriarca Abraham cuando Dios le ordenó inmolar a su hijo Isaac. Porque el Patriarca Abraham era el padre, no la madre; y porque el sacrificio que se le pidió fue solamente intencional: no llegó a consumarse. En el Calvario no es el padre, sino la Madre, y el sacrificio se está consumando trágicamente. Y no de un golpe, sino gota a gota.

¡Martirio inefable! «Oh, vosotros los que cruzáis por los caminos de la vida, mirad y ved si hay dolor semejante a mi dolor».

No pudo abrazarse a la cruz de Jesús. Estaba prohibido terminantemente acercarse a la cruz de los ajusticiados, y la soldadesca seguramente apartaría con un gesto brutal a la Santísima Virgen si en algún momento quiso intentarlo. Pero estaba cerquita, y Jesús podía dirigirle la palabra sin levantar demasiado la voz.

Imaginemos la escena, señores. Sería mejor que callásemos, que rompiésemos a llorar, que nos pusiéramos de rodillas... Pero yo tengo que reproducir la escena en la forma que pueda, con mi palabra torpe y vacilante.

Jesús estaría contemplando desde lo alto de la cruz, a través de sus ojos cargados de sangre, a la Virgen María, imagen viviente del dolor en su máxima expresión. Allí estaba la Corredentora del mundo. ¡Cómo se aumentarían los dolores internos de Jesucristo viendo sufrir a su Madre santísima de manera tan espantosa! Pero Él tenía que permitir aquello. Tenía que permitirlo, porque estaba decretado por Dios: una primera pareja, Adán y Eva, perdieron al mundo; una segunda pareja, Cristo y María, tenían que salvarlo. Tenían que estar allí los dos, y El obediente a la voluntad de su Eterno Padre, consentía en el martirio de su Madre santísima; y la Santísima Virgen María tenía que consentir y aceptar el martirio de Jesús, su Hijo inocente, para salvarnos a nosotros, los hijos de traición.

Pero Jesús la tenía muy cerquita, la miraba con inefable dulzura. ¡Cómo sería la última mirada que

Nuestro Señor Jesucristo dirigió a su Madre queridísima! Cosas inefables, señores. Para caer de rodillas. Para callar. ¡Como la miraría!

Y le dijo: «Mujer, ahí tienes a tu hijo...». Y fijándose en Juan, el discípulo amado: «Ahí tienes a tu Madre».

Esta fue la tercera palabra, la tercera frase que pronunció Nuestro Señor Jesucristo en la cruz. Vamos a explicarla un poco.

El sentido literal, material, tal como suenan las palabras, era sencillamente este: un buen hijo que está cumpliendo el cuarto mandamiento de la Ley de Dios, que nos manda honrar al padre y a la madre. Sabía que iba a morir dentro de breves momentos. San José había muerto ya. La Santísima Virgen María no tenía a nadie en este mundo. Quedaba completamente sola. Y pensando en su Madre, pensando en el porvenir humano de su Madre, cumpliendo maravillosamente el cuarto mandamiento de la Ley de Dios, pensando en Ella como buen Hijo, exclama: «Mujer, ahí tienes a tu hijo».

¿Por qué le dice «mujer» y no «madre»? Ah, señores, qué maravilloso episodio. El Evangelio es divino, no sobra ni falta una sola palabra. ¿Por qué dijo *mujer* y no *madre?*

Dos son las interpretaciones principales que se pueden dar, y las dos son maravillosas.

En primer lugar, para no atormentarla más ¡Madres que me escucháis, las que habéis perdido un hijo en la flor de su juventud! ¿Recordáis? Cuando se os moría por momentos, cuando con los ojos moribundos os dijo por última vez: «¡Madre!», ¿os acordáis? ¡Cómo se os grabó en el alma aquella palabra, qué espina tan aguda! La tenéis todavía clavada en el corazón. La palabra «madre» en un hijo moribundo es como una puñalada, como una saeta que se clava en el corazón. Y Jesucristo, para no hacerla padecer más, para no atormentarla más con esa palabra tan dulce, tan tierna, tan delicada, para no destrozarle todavía más aquel corazón sangrante, renuncia a la dulzura de llamarla «Madre», y le dice: ¡«Mujer!».

Pero, además, Cristo pronunció esa palabra para darnos a entender a todos que Ella era la «mujer».

En la mañana del Viernes Santo, Poncio Pilato, procurador romano, sin saber lo que decía, pero cumpliendo los designios de Dios, señaló a Jesucristo: *Ecce homo:* ahí tenéis al hombre. ¡Al Hombre! Al prototipo de la humanidad noble, elevada, santa, sobrenatural. ¡Ahí tenéis al hombre, al prototipo del hombre!

Y Nuestro Señor Jesucristo, desde lo alto de la cruz, replica: ¡Ahí tenéis a la mujer! Al prototipo, al ideal más sublime de la mujer.

María era la mujer predestinada, la mujer por excelencia, anunciada ya en las primeras páginas del Génesis, el primer libro de la Sagrada Escritura. Al relatar la escena del paraíso terrenal, cuando Dios se dirige indignado a la serpiente infernal, que había seducido a nuestros primeros padres, le dice: «Pondré enemistades entre ti y la mujer, entre tu linaje y el suyo. El linaje de la mujer aplastará tu cabeza y tú le pondrás asechanzas a su calcañal».

Era María la mujer anunciada en el libro del Génesis, en la aurora del mundo, en el primer día de la humanidad.

¡Ahí tenéis a la mujer!.

«¡Mujer, ahí tienes a tu hijo!». Juan será tu hijo. Él se encargará de tu sustento. Yo me voy a mi Padre, pero no te dejaré huérfana en el mundo. Juan se encargará de ti.

Y dirigiéndose con inefable ternura a Juan: «Hijo, ahí tienes a tu Madre». Era como decirle: ¡Cuídamela bien, cuídamela bien, es mi Madre y también la tuya!

«¡Hijo, ahí tienes a tu Madre!».

¡Cómo la recibiría san Juan! Aquel joven apóstol, que ya la adoraba por ser la Madre de Jesús, cuando se sintió dueño de aquel tesoro que le había dejado en testamento su divino Maestro, ¡cómo la recibiría junto a su corazón de hijo! ¡Qué perla! ¡Qué joya le dejó Nuestro Señor en testamento al evangelista san Juan, a su discípulo amado, al discípulo virgen! La Madre Virgen, para el discípulo virgen. La pureza encomendada a la pureza.

¡Cómo recibiría san Juan a la Santísima Virgen María, cómo se la llevaría a su casa, con qué cariño la trataría!

¡Cómo la mimaría, con una ternura más que filial!

Son cosas inefables. En el cielo lo veremos todo, a mí no me cabe la menor duda. Porque si el pobre hombre, con su inteligencia tan limitada, ha sabido inventar una cosa tan magnífica como el cine sonoro, en tecnicolor y en relieve, que recoge maravillosamente la realidad y al cabo de un siglo se la puede volver a contemplar como si estuviera actualmente delante de nosotros, ¡qué cine sonoro, en tecnicolor y en relieve tendrán los ángeles en el cielo! Lo habrán recogido todo. ¡El cine, la película de Nuestro Señor Jesucristo, histórica, la misma, auténtica, la contemplaremos en el cielo!

Pero ¿qué digo? ¿Qué necesidad tendremos de cine cuando sabemos por la teología católica que la esencia divina es como una pantalla cinematográfica en la que se refleja todo cuanto sucede en el mundo, en el presente, en el pretérito y en el futuro? Allí, en los resplandores de la visión beatífica comtemplaremos estas escenas sublimes y entonces caeremos de rodillas adorando estas cosas que ahora apenas podemos balbucir con nuestro torpe lenguaje humano.

¡Cómo se la llevaría san Juan a su casa, cómo trataría a la Santísima Virgen Nuestra Señora!

Pero fijaos bien, este no es más que el primer sentido: el sentido literal, el sentido inmediato, podríamos decir, de esas palabras de Jesús. Pero todos los exégetas y teólogos católicos están perfectamente de acuerdo con los Santos Padres al decir que en estas palabras hay que ver además de este sentido literal, un sentido típico, un sentido *plenior,* como decimos en exégesis católica. El sentido pleno de esta palabra tiene un alcance mucho más grande. Un alcance universal, ecuménico, nos abarca absolutamente a todos.

Todos los Santos Padres y expositores sagrados están perfectamente de acuerdo en decirnos que san Juan era en aquel momento el representante de toda la humanidad. Nos estaba representando a todos y a cada uno de nosotros. Y por eso, cuando Cristo Nuestro Señor dijo a San Juan:

«¡Ahí tienes a tu Madre!», nos lo dijo a todos y a cada uno de nosotros en particular.

No es que Jesucristo en aquel momento constituyera Madre nuestra a la Virgen María. No. Jesucristo no constituyó a la Virgen Santísima Madre nuestra en la cumbre del Calvario. Ya lo era desde la casita de Nazaret. Porque la razón de ser de la maternidad espiritual de la Santísima Virgen María sobre nosotros no es el hecho de ser la Corredentora del mundo, sino el hecho de ser la Madre de Dios, la Madre del

Verbo Encarnado. Ella es la Madre de la Cabeza del Cuerpo Místico. Está revelado por Dios, consta expresamente en la Sagrada Escritura. Cristo es la Cabeza de un Cuerpo Místico y todos nosotros somos sus miembros. Y como Ella es Madre de este organismo viviente, como la cabeza no puede ser arrancada y separada de los miembros, desde el momento en que es Madre física según la naturaleza de la Cabeza, tiene que ser también forzosamente Madre espiritual de todos los miembros que están espiritualmente unidos a esa Cabeza.

De manera que la maternidad de la Santísima Virgen María sobre todos nosotros arranca del hecho colosal de ser la Madre de Jesús. Si no fuera la Madre de CristoCabeza, no sería la Madre de los miembros, que somos nosotros. Pero como es la Madre de la Cabeza, tiene que ser también la Madre de todos los miembros. Madre física de la Cabeza y Madre espiritual de todos sus miembros porque somos efectivamente los miembros espirituales de Cristo.

¡Maravillosa teología! Jesucristo, en la cumbre del Calvario, no hizo más que *promulgar solemnemente* ante la faz del mundo la maternidad espiritual de María sobre nosotros. Pero no la hizo entonces Madre nuestra. Ya lo era desde la casita de Nazaret, o si queréis desde el portal de Belén, cuando alumbró al Hijo de Dios encarnado, y fue de una manera completa y total la auténtica Madre de Dios. Desde entonces es nuestra Madre espiritual. Aquí, en el Calvario, lo proclama solemnemente Cristo para que no olvidáramos nunca que es la Madre del dolor, la Madre Corredentora de todos los hijos de los hombres.

La Santísima Virgen María es nuestra Madre, Madre queridísima de todos nosotros.

¡Qué modelo de Madre la Santísima Virgen María!

Modelo de Madre para Jesús, su divino Hijo. Yo me imagino muchas veces en mis ratos de recogimiento y meditación en mi celda conventual de San Esteban de Salamanca las escenas invernales que tuvieron lugar en la casita de Nazaret, cuando la Santísima Virgen María, nuestra dulcísima Madre, se reuniría junto al fuego con san José y el Niño Jesús. ¡Cuántas cosas se dirían! Una noche en la casita de Nazaret, ¡qué escena de cielo! Los ángeles estarían pendientes de aquel espectáculo divino. ¿Qué le diría la Virgen Santísima al Niño Jesús? ¿Qué le diría a Ella su Hijo Jesús a medida que se iba haciendo mayorcito, adolescente? ¿Cómo sería Nuestro Señor Jesucristo a los 18 años, a los 20 años? Solo la Virgen gozó en silencio de su divino tesoro. La divinidad asomaba por sus divinos ojos y sólo María y José lo sabían. ¡Qué de cosas le diría Jesús a la Santísima Virgen para formar cada vez más, para modelar a su gusto el Corazón purísimo de la Reina y Soberana de los ángeles! ¡Misterios inefables, de que fue mudo testigo la casita de Nazaret!

Y a su vez ¡qué de cosas le diría la Santísima Virgen al Niño Jesús cuando le besaba sus manecitas, cuando en el horizonte lejano entreveía ya la silueta trágica de la cruz!

La Santísima Virgen fue una mártir toda su vida. Pero, modelo incomparable de madres, supo respetar la voluntad de Dios sobre su Hijo. La predestinación de Cristo era la de ser el Redentor de la humanidad; y la Santísima Virgen María aceptó esta terrible predestinación y subió Ella misma a la cumbre del Calvario sin pronunciar una sola palabra de queja. No interpuso su corazón de Madre para impedir los dolores al divino Crucificado. Tenía que ser así. Lo había dispuesto Dios y María lo aceptó con inefable resignación.

¡Padres que me escucháis! Cuando Dios Nuestro Señor, en un alarde de infinita bondad y misericordia ponga sus ojos divinos sobre vuestra casa y escoja a vuestro hijo para sacerdote, o a vuestra hija para religiosa; cuando llame a vuestros hijos con esta votación soberana, la más alta que puede darse en este mundo, para escalar las cumbres del sacerdocio católico, o ser esposa de Jesucristo en un convento de clausura o de vida activa, ¡padres que me escucháis!, respetad los designios de Dios. Y lejos de oponeros a su vocación, lo que sería un espantoso pecado, un verdadero crimen que clamaría venganza al cielo, caed de rodillas y dadle gracias a Dios por esta inefable misericordia que ha tenido sobre vosotros. Un hijo sacerdote, una hija religiosa, es lo más grande que puede ocurrirle a una familia cristiana. Respetad la vocación de vuestros hijos y caed de rodillas ante Dios en señal de gratitud y de amor.

Y respetad también los designios inescrutables del cielo cuando se lleve a vuestros hijos en la flor de su juventud. Una muerte temprana, ¡cómo llega al corazón de una madre! Cuando la muerte le arranca al hijo querido en la primavera de su vida, ¡qué inmenso dolor! Pero, son misterios de Dios, señores. Hemos de caer de rodillas ante los misterios de Dios.

Y vosotros todos, padres que me escucháis, los que habéis perdido un hijo en la flor de su juventud, ¡caed de rodillas ante Jesucristo crucificado y ante la Virgen María de los Dolores y unid vuestro dolor al suyo, santificándolo, elevándolo al plano sobrenatural! Adorad los designios de Dios.

Una anécdota final y termino. Fue en la gran guerra europea, la de 1914 a 1918. En un pequeño pueblecito francés, Courcelette, se había dado una batalla campal. El campo quedó cubierto de cadáveres de los soldados de una compañía canadiense que luchó junto a los aliados. Los enterraron allí mismo, abriendo una zanja. Terminada la guerra, el párroco de aquella pequeña localidad recibió una carta firmada por las madres de aquellos soldados canadienses que estaban allí enterrados. Poco más o menos la carta decía lo siguiente:

«Reverendo Sr. Cura: Somos las madres de los soldados canadienses que están enterrados junto a ese pueblecito. Los encomendamos a vuestras oraciones y a las señoras de. Acción Católica, que por ser madres como nosotras comprenderán nuestro dolor. Solamente os pedimos una cosa, Sr. Cura: que arranquéis de los trigales que crecen sobre sus tumbas un manojo de espigas y nos las enviéis a nosotras. Aquí las volveremos a sembrar, las reproduciremos, todos los años; y con la harina que nos den, fabricaremos nosotras mismas el pan para la Eucaristía. De esta manera, cuando recibamos la Sagrada Comunión, recibiremos, a la vez, el sacrificio de nuestro Dios y el sacrificio de nuestros hijos. –Las madres de los soldados canadienses».

¡Qué hermosa, qué sublime manera de santificar el dolor!

¡Oh vosotros todos los que sufrís, arrodillaos a los pies de la Virgen de los Dolores! Esta tercera palabra de Jesús en la cruz nos recuerda que la Virgen es nuestra Madre.

¡Somos hijos de María, de la Reina y Soberana de los mártires! Unid vuestro dolor al dolor de la Virgen Santísima. Y, aunque sea a través del cristal de vuestras lágrimas, contemplad el cielo, invocad a la Virgen y Ella calmará vuestro dolor.

Quiero daros a todos una consigna de vida eterna: ¡Rezad el Santo Rosario! Plegaria bellísima del hogar cristiano, del castizo hogar español. Que por desgracia vamos perdiendo las costumbres típicas del hogar español. Hay que restaurar la devoción del Rosario en familia. Una familia que todas las noches invoca a la Santísima Virgen y le dice cincuenta veces: «Ruega por nosotros pecadores, ahora...»; ahora que tanto lo necesitamos, en medio de nuestras tribulaciones y de nuestras amarguras, de los asaltos del mundo, del demonio y de la carne, «¡ruega por nosotros ahora!», pero, sobre todo, «en la hora de la muerte», esa familia, digo, es imposible que se pierda. No se trata de la afirmación gratuita de un dominico exaltado, lleno de entusiasmo porque el Rosario arrancó del corazón de santo Domingo de Guzmán. No se trata de eso. Se trata de la teología católica, que nos asegura que la gracia de la perseverancia final está vinculada infaliblemente a la oración perseverante. ¡Os lo aseguro terminantemente! Si rezáis el Rosario todos los días pidiéndole a la Virgen Santísima gracia de la perseverancia final, si se la pedís cincuenta veces cada día en las Avemarías del Rosario, os aseguro terminantemente, no en nombre de la Orden dominicana, sino en nombre de la teología católica, que tenéis una garantía casi infalible de eterna salvación. La gracia de la perseverancia final está vinculada a la oración confiada, humilde y perseverante, y todas estas condiciones las realiza maravillosamente el Rosario. En honor de la Santísima Virgen Nuestra Señora, en este día del Viernes Santo, cuando Cristo en lo alto de la cruz nos acaba de recordar que es nuestra Madre queridísima, vamos a formular un propósito inquebrantable. ¡Españoles todos que me escucháis a través de estos micrófonos de Radio Nacional de España! ¡Todos de rodillas a los pies de Cristo crucificado! Y con todo el fervor y entusiasmo de nuestros corazones digámosle de verdad: para honrarte, Señor, en este día del Viernes Santo en que tanto padeciste por nosotros, te prometemos solemnemente que en nuestro hogar se rezará todos los días el Santo Rosario en honor de tu bendita Madre María, que es también la Madre queridísima de nuestro corazón.

CUARTA PALABRA

«Dios mío, Dios mío, por qué me has abandonado»
(Mt 27, 46)

Cerca de la hora de nona, o sea, cerca de las tres de la tarde, Nuestro Señor Jesucristo pronunció la cuarta palabra desde lo alto de la cruz. Las cuatro últimas palabras las pronunció en pocos instantes, en contados minutos, muy cerca ya de las tres, a punto de morir.

Dice el Evangelio que a partir de la hora de sexta, o sea, desde las doce de la mañana, cuando crucificaron a Jesús, densas tinieblas que se iban haciendo por momentos más espesas envolvieron la cumbre del Calvario. Diríase que el sol se ocultaba horrorizado para no presenciar el espantoso crimen del deicidio. Era también –si lo queremos ver así– un símbolo y una figura de la ceguera del corazón de aquellos judíos. Y Jesucristo Nuestro Señor, cerca ya de la hora de nona, lanzó este grito desgarrador: «Dios mío, Dios mío, por qué me has abandonado». Expresión que señala el momento culminante del martirio de Nuestro Señor en la cruz y que señala también uno de los arcanos más inescrutables del misterio de nuestra redención.

¿Qué significan esas palabras?

Tres son las principales soluciones desde el punto de vista teológico.

PRIMERA SOLUCIÓN. Es muy fácil y muy sencilla. Jesucristo Nuestro Señor comenzó a recitar en voz alta el salmo 21, que empieza precisamente con estas palabras: «Dios mío, Dios mío, por qué me has abandonado», y continuó después recitando todo el salmo en voz baja.

La inmensa mayoría de los judíos sabían el salterio completo de memoria. Y en ese salmo, que es netamente mesiánico, el profeta, muchos siglos antes de que ocurriese la escena del Calvario, describe maravillosamente, como en una película anticipada, todo lo que estaba ocurriendo entonces.

En ese salmo se anuncian proféticamente los tormentos de Cristo clavado en la cruz:

«Todos los que pasan delante de mí se burlan y mueven sus cabezas y dicen: ¡Sálvele Dios, sálvele Yahvé, pues dice que le es grato...»

«Soy un gusano y no un hombre, soy el desecho de la plebe, me desprecian todos».

«Abren sus bocas contra mí, cual león rapaz y rugiente».

«Tengo mi lengua pegada al paladar, me rodea una turba de facinerosos».

«Han taladrado mis manos y mis pies, y se pueden contar todos mis huesos».

«Se han repartido mis vestiduras y echan suertes sobre mi túnica».

Señores, todo eso se estaba cumpliendo entonces al pie de la letra, en lo alto del Calvario. Todo estaba maravillosamente anunciado en el salmo mesiánico. Y Nuestro Señor Jesucristo, con infinita delicadeza, después de haber afirmado delante del pueblo y de los jefes de la sinagoga que era Hijo de Dios, ahora en lo alto de la cruz va recitando lentamente el salmo 21 para decirles una vez más a los judíos: «¿Pero no veis que soy yo, el Mesías anunciado por los Profetas? ¿Pero no veis que se está cumpliendo al pie de la letra todo lo que dice el salmo de mí? Y fue recorriendo poco a poco todo el salmo mesiánico para que cayeran en la cuenta de que era Él el Redentor, el Mesías anunciado por los Profetas.

Una solución sencillísima que explica perfectamente el sentido misterioso de esas palabras.

Pero hay otra segunda todavía.

SEGUNDA SOLUCIÓN. Santo Tomás de Aquino, el príncipe de la Teología católica, en ese maravilloso alcázar de la Teología que se llama la *Suma Teológica,* da una explicación también sencillísima, naturalísima, con sólo añadir una palabra a esa expresión misteriosa de Nuestro Señor en la cruz.

El sentido, según santo Tomás de Aquino, sería el siguiente: «Dios mío, Dios mío, ¿por qué me has abandonado en manos de mis enemigos?, ¿por qué has permitido que me claven en la cruz?». Nada más. No hay más misterios.

Y esto no lo diría Cristo en son de queja, sino sólo para que nosotros cayéramos en la cuenta de los sufrimientos inefables que estaba padeciendo en la cruz. Porque sería una espantosa blasfemia, una herejía monstruosa decir que Nuestro Señor

Jesucristo, que tenía en sus manos el poder de Dios, hizo un milagro para no sufrir sus propios tormentos, y estaba representando una comedia y una farsa en lo alto de la cruz. Esto sería una espantosa y satánica blasfemia. Nuestro Señor Jesucristo sufrió con una sinceridad enorme. Hizo milagros inmensos para socorrer las necesidades de los demás, pero jamás hizo un solo milagro en beneficio propio. Estaba sufriendo un tormento espantoso y una terrible tortura; y en prueba de ello y para que no nos cupiere la menor duda, lanzó esta dolorosa exclamación: «Dios mío, Dios mío, ¿por qué me has entregado en manos de mis verdugos que me atormentan de esta manera?».

Este sería el sentido, según santo Tomás de Aquino.

TERCERA SOLUCIÓN. Pero hay otra tercera solución, profundamente teológica, que voy a exponer a continuación. No sabemos cuál de las tres soluciones es la verdadera. Cualquiera de las tres podría serlo, ya que todas ellas resuelven perfectamente el problema. Pero acaso la más profunda, la de más envergadura teológica, es la tercera que os voy a explicar.

Es dogma de fe católica, como todos sabemos, que Nuestro Señor Jesucristo quiso salir, voluntariamente, fiador y responsable ante su Eterno Padre por todos los pecados del mundo.

El fiador, cuando da su firma como garantía de una persona de quien sale responsable, no debe nada a nadie. Pero si aquel a quien respalda con su firma resulta insolvente, tiene que pagar la deuda ajena. Tiene que pagarla él, porque ha salido fiador, ha dado su firma.

Este es el caso de Nuestro Señor Jesucristo. La humanidad era insolvente ante la justicia infinita de Dios. Habíamos cometido un crimen de lesa majestad divina. Y, al menos en razón de la distancia infinita que hay de nosotros a Dios, no podíamos rellenar aquel abismo insondable que el pecado había abierto entre Dios y los hombres. La humanidad entera, puesta de rodillas, era insuficiente para salvar aquel abismo. Eramos insolventes. No podíamos rescatarnos a nosotros mismos de las garras del infierno. Pero Nuestro Señor Jesucristo, al juntar bajo una sola personalidad divina las dos naturalezas, divina y humana, en cuanto hombre podía representarnos a todos nosotros, y en cuanto Dios sus actos tenían un valor infinito. Únicamente Él podía rellenar aquel abismo insondable con una superabundancia infinita.

Cristo salió voluntariamente fiador de la humanidad caída. Y el Eterno Padre, viendo a su divino Hijo, que personalmente era la inocencia misma y la santidad infinita, pero que quiso revestirse voluntariamente de la lepra y los harapos del hombre pecador, descargó sobre Él el peso infinito de su justicia vindicativa. Y, no en cuanto Hijo de Dios, porque esto sería contradictorio –Dios no puede abandonar a Dios–; ni siquiera en cuanto hombre, ya que la humanidad de Cristo está hipostáticamente única a la divinidad del Verbo formando una sola persona con Él, y, aún en cuanto hombre, Cristo posee una santidad infinita; si no única y exclusivamente en cuanto representante de toda la humanidad pecadora, en cuanto revestido de la lepra de todos nuestros pecados, la justicia infinita se descargó con fiero ímpetu sobre Él y le hizo experimentar el espantoso desamparo que merecía, no Cristo, sino toda la humanidad pecadora. Y entonces fue cuando lanzó aquel grito desgarrador: «¡Dios mío, Dios mío, por qué me has abandonado!».

Fijaos bien. No dice *Padre mío,* como dijo en la primera palabra y como dirá inmediatamente después en la séptima. No dice «Padre», sino «Dios mío». No habla ahora en plan de hijo. Ahora habla en plan de pecador, de representante de todos los pecadores del mundo. Y por eso no emplea el dulce nombre de Padre, sino una expresión llena de respeto y adoración: «Dios mío».

Ahí tenéis la tercera solución, profundamente teológica, de esta misteriosa palabra.

***

¡Pecador que me escuchas! Esta cuarta palabra de Jesucristo en la cruz encierra profundas enseñanzas para todos los que somos pecadores.

Reflexionemos unos instantes. En todo pecado pueden distinguirse dos aspectos: lo que llamamos en teología *conversión a las criaturas,* es decir, el abrazarse con un placer ilícito, prohibido por Dios; y lo que llamamos la *aversión a Dios,* el separarse de Dios voluntariamente, al conculcar a sabiendas su divina Ley.

Dos aspectos: un placer prohibido, que es lo que busca el pecador alucinado, al creer atolondradamente que encontrará en él la felicidad que ansía; y este apartarse de Dios, que es una consecuencia inevitable de esa tremenda equivocación.

Jesucristo tuvo que expiar en lo alto de la cruz estos dos aspectos del pecado. Y por los placeres ilícitos que se han permitido y se permitirán los hombres contra la Ley de Dios, tuvo que experimentar dolores inefables, infinitamente superiores a todos los que han sufrido en este mundo los hombres más desgraciados. El que más ha sufrido en este mundo fue, sin duda alguna, Nuestro Señor Jesucristo. Porque Dios sabe hacer maravillosamente las cosas y cuando intenta algún fin sabe disponer los mejores medios para conseguir ese fin. Y como dispuso que Nuestro Señor Jesucristo redimiese al mundo desde lo alto de la cruz, le dotó de una sensibilidad exquisita para el dolor, incomparablemente más aguda que la de todos los hijos de los hombres. De manera que Nuestro Señor Jesucristo, para expiar los placeres de los hombres, tuvo que sufrir dolores inefables, tormentos de los cuales no podemos nosotros formarnos la menor idea.

Pero además tenía que expiar también la aversión a Dios, segundo y principal aspecto del pecado. El pecador, al pecar, se separa, esto es, *abandona* voluntariamente a Dios. Es muy justo y equitativo que cuando suene la hora de la justicia estricta, Dios se separe o *abandone* al pecador. He ahí el espantoso tormento que tuvo que sufrir Jesucristo en cuanto representante de toda la humanidad pecadora.

¡Pecador que me escuchas! Cuando te entregas al pecado ¡cómo ríes, cómo gozas, cómo te diviertes, con qué refinamiento saboreas aquel placer pecaminoso! Pero no te das cuenta de que te has apartado de Dios, de que te has quedado huérfano, de que te acabas de jugar un tesoro rigurosamente infinito. ¡Ah!, si te arrepientes de todo corazón en seguida, todavía estás a tiempo de obtener el perdón de Dios; pero si la muerte te sorprende en medio de tus orgías y placeres... ¡la que te espera para toda la eternidad!

Señores, en una ciudad no muy grande de España –me lo contaba, hace poco un médico que tuvo que intervenir personalmente en este asunto– han ocurrido recientemente dos casos de fallecimiento repentino, instantáneo, por rotura del ventrículo del corazón, en una casa de mala nota, en el momento mismo de entregarse al pecado. Aquellos infelices se disponían a gozar de espaldas a Dios y... ¡cadáver! Dos casos: rotura del ventrículo del corazón, muerte instantánea. ¡Desgraciados! Saborearon un momento de placer en este mundo y descendieron inmediatamente al infierno para sufrir allí el castigo de los dos aspectos del pecado: separación de Dios y tormentos espantosos para toda la eternidad.

Importa muy poco, señores, la carcajada del incrédulo:

-«¡Yo no creo en el infierno!».

¡Qué más da que no creas! Si tú no crees en el infierno pero el infierno existe, ¿dejará de existir, acaso, porque tú te empeñes en decir que no? Fíjate bien: es Cristo, que es la suma Verdad, es Cristo que está pronunciando el sermón de las Siete Palabras quien nos ha dicho catorce veces en el Evangelio que el infierno existe y hay en él un fuego cuya verdadera naturaleza todavía no han podido precisar los teólogos, pero se trata ciertamente de un fuego *real*, no metafórico, ni simbólico. No es una idea, no es una semejana imaginativa que se forma en la inteligencia o imaginación del condenado. Es un fuego *real*, un tormento *físico* que atormenta ya desde ahora las almas de los condenados de una manera misteriosa y atormentará también sus cuerpos después de la resurrección de la carne.

«¡No lo creo!».

¡Qué más da! A pesar de tus burlas existe el infierno y en castigo de los placeres, de los pecados cometidos en este mundo hay allí un fuego real; no metafórico, que atormentará a los condenados para toda la eternidad.

Pero esto, en fin de cuentas, sería lo de menos. Lo verdaderamente espantoso del infierno no es el primer aspecto sino el segundo; es el desamparo de Dios, es aquel grito horrísono que lanzan las almas cuando caen en el infierno:

«¡Maldición! ¡Me he equivocado! ¡Separado de Dios para toda la eternidad! ».

Ya oigo otra vez la carcajada del incrédulo: «¡Ah!

¿De manera que lo peor en el infierno es estar separado de Dios? Pues entonces ya no tengo inconveniente en condenarme; porque en este mundo he prescindido de Dios y no me ha hecho falta para nada, absolutamente para nada. Tampoco me hará falta en el infierno».

¡Desgraciado! No sabes lo que dices. Mira: te gusta la belleza, ¿verdad? Por eso pecas tanto, sobre todo cuando se te presenta en forma de mujer.

¿Te gusta el dinero, verdad? Por eso robas tanto, porque hay muchas maneras de *robar* sin que nadie se dé cuenta y sin perder la fama de hombre honrado.

Te gustaría el aplauso, la gloria, que hablasen de ti los periódicos, salir en la pantalla cinematográfica como hombre famoso, como una figura mundial, ¿no es verdad?

Pues óyeme: a la hora de la muerte, cuando pierdas de vista las cosas de este mundo y ante los ojos atónitos de tu alma aparezcan los panoramas infinitos del más allá, contemplarás delante de tí un mar inmenso, sin fondo ni riberas. Y verás clarísimamente que allí está concentrado, en grado supremo e infinito, todo cuanto hay de belleza y de gloria y de riqueza, y de placer y de honores y de aplausos. Todo cuanto podría saciarte plenamente, exhaustivamente, el corazón. Y cuando con una sed de perro rabioso trates de arrojarte a aquel estanque de placeres, a aquel océano de alegrías inenarrables que te harían infinitamente feliz, sentirás una mano vigorosa que te lo impide, al mismo tiempo que te dice: «¡Apártate de Mí, maldito! ¡Al fuego eterno!».. Y entonces lanzarás un grito horrísono: «¡Dios mío, Dios mío, por qué me has abandonado!». Pero entonces, por desgracia, será ya demasiado tarde.

Fíjate bien, infeliz. Ahora te basta caer de rodillas como el buen ladrón y decirle: ¡Señor, perdóname! Pero como la muerte te sorprenda en tu soberbia y obstinación, si te mueres aferrado a tu pecado, aunque hayas sido el hombre más famoso del mundo –es inútil que te rías– ¡descenderás al infierno para toda la eternidad!

***

«Dios mío, Dios mío, ¿por qué me has abandonado?». Gracias, Jesús mío.

Gracias por haber pronunciado esa palabra. Gracias por haber padecido por mí ese tormento espantoso de tu desamparo. Si no lo hubieras sufrido tú, si tú no hubieras sentido el desamparo de tu Eterno Padre, hubiera tenido que sentirlo yo eternamente en el infierno. ¡Muchas gracias, Jesús mío! Te agradezco en el alma esta cuarta palabra. Has querido sufrir tú este desamparo para que no quede yo desamparado para toda la eternidad.

Y ahora, a los pies de este maravilloso crucifijo, de esta escultura de Alonso de Mena que está representando precisamente la cuarta palabra; en esta iglesia parroquial de San José, de Madrid, ante el Santísimo Cristo del Desamparo, en el que un gran artista español ha sabido plasmar una maravillosa expresión de dolor, te suplico, Jesús mío, para mí y para todos mis oyentes, que no nos desampares durante la vida, y sobre todo a la hora de la muerte. ¡No nos desampares a la hora de la muerte! Olvídate, Señor, de mis pecados. Y en virtud de la amargura infinita de tu desamparo... ¡Señor...!

**A la hora de mi muerte llámame
y mándame ir a Ti
para que con tus ángeles y santos te alabe
por los siglos de los siglos. Amén.**

QUINTA PALABRA

«Tengo sed» (Jn 19, 26)

Momentos después de pronunciar el divino Mártir del Calvario su cuarta palabra, desgarradora, abrió de nuevo sus labios divinos para decir: «Tengo sed».

Era muy natural. Cuando se pierde la sangre –¡qué bien lo saben los soldados que caen en el campo de batalla!–, cuando se pierde sangre se experimenta en seguida el tormento de la sed. El agua, que forma parte de la célula en proporción del sesenta al setenta por cien, cuando se pierde sangre pasa por ósmosis al torrente circulatorio para hidratar el plasma sanguíneo. Esto produce, naturalmente, la deshidratación de los tejidos y en seguida se experimenta el fenómeno cenestésico de la sed. Tienen mucha sed los heridos al perder la sangre.

Era muy natural que Jesucristo tuviera una sed ardiente. Sed de agua, sed fisiológica. El sudor de sangre en Getsemaní, las terribles torturas y la pérdida de sangre de la flagelación, de la coronación de espinas, de la cruz a cuestas y de la crucifixión. En lo alto de la cruz iba perdiendo gota a gota la sangre divina de sus venas. Probablemente hacia las tres de la tarde, tanto Nuestro Señor Jesucristo como los dos ladrones que estaban crucificados, el uno a su derecha y el otro a su izquierda, tenían cuarenta grados de fiebre. Sed ardientes. ¡Un poquito de agua, tengo sed!

¡Pobre Jesús! Nadie le socorrerá. Tendrá que morir de sed. No tendrá una cariñosa monjita enfermera que le refresque los labios ardientes en aquellos últimos momentos.

Delante de Él tenía a la Virgen Santísima, pero la pobrecita no podía hacer absolutamente nada.

Al pajarillo no le falta nunca un charquito de agua donde apagar su sed. Hasta la florecilla en primavera, por la mañana, recibe la caricia fresca de una gotita de rocío. Pero Nuestro Señor Jesucristo, el Creador del mundo, el que había creado aquellos ríos del paraíso terrenal, el que mandó a Moisés herir con su vara una roca de la que brotó una fuente de agua clara y cristalina, no tendrá ni una sola gota de agua donde apagar su ardiente sed. ¡Se morirá de sed!

Uno de aquellos soldados, al escuchar esta palabra mojó una esponja en el jarro de posca –era la bebida que tenían ellos para refrescarse: un poco de agua mezclada con vinagre, nada más– y la acercó con su lanza a la boca del divino Crucificado. La acidez del vinagre en los labios resecos del divino Mártir debió aumentarle todavía más su sed. Pero lo gustó un poquito, con finura, con agradecimiento.

Jesucristo tenía una sed inmensa de agua natural. Pero Él, el divino Mártir, el divino Paciente, que no se quejó absolutamente de nada en medio de aquellos tormentos inefables de la flagelación, de la coronación de espinas y de la crucifixión; Jesucristo, que no abrió sus labios para musitar una sola queja, no se hubiera quejado tampoco de la sed material si no hubiera querido decirnos algo misterioso si detrás de ese sentido literal no hubiera un sentido figurado, un sentido alegórico, para decirnos algo más alto y más sublime todavía, con ser tan santa y adorable la sed material de Nuestro Señor Jesucristo.

Toda la tradición católica está de acuerdo en decirnos que, además de la sed material, tenía una sed espiritual verdaderamente devoradora. Nuestro Señor Jesucristo, en esta palabra, alargando su mano de mendigo, nos pedía un poquito de amor, un poquito de correspondencia a su infinita generosidad. En esta palabra se nos presenta como divino mendigo del amor del pobre corazón humano.

Jesucristo, desde lo alto de la cruz, estaba contemplando el panorama de toda la humanidad. En virtud de su ciencia divina, para Él no había pretérito ni futuro, sino un presente siempre actual. Con su ciencia divina nos tenía presentes a todos, a cada uno en particular. Y veía claramente las almas consoladoras de su divino Corazón, las que apagarían su sed ardiente, las que se entregarían a Él como almas víctimas para que pudiera triturarlas, para que pudiera destrozarlas y de esa manera asociarlas al misterio redentor y salvarle muchas almas.

¡Cuántas monjitas de clausura, cuántas almas grandes entregadas totalmente a Dios y sufriendo con la sonrisa en los labios persecuciones, calumnias, enfermedades, maledicencias, incomprensiones de todas clases, dolores y tormentos inefables! Son las almas *víctimas,* las almas consoladoras del Corazón de Cristo.

Veía a Teresa de Jesús en éxtasis, a santa Catalina de Sena con las llagas en los pies, en las manos y en el corazón. Veía a san Pablo con aquel ímpetu apostólico que arrolló al mundo entero. Veía a todos los apóstoles a través de todos los siglos. Veía a las almas consoladoras de su Corazón, las que le daban un poquito de agua y le consolaban en su amargura.

Pero veía también a tantos millones de almas seducidas por el mundo, el demonio y la carne corriendo desenfrenadamente tras los placeres de este mundo, charquitos sucios de aguas pestilentes que no sacian el corazón humano sino que le aumentan más y más su hambre devoradora de felicidad.

¡Pobres hombres! El hombre es un sediento de felicidad. Cristo veía a todos los hombres del mundo que han sido, son y serán hasta el fin de los siglos. Nos veía individualmente a todos. Y a pesar de las diferencias de raza, clima, época y educación, en todos veía un denominador común, un fondo común en nuestras almas: un hambre y una sed devoradora de felicidad.

El hombre es un sediento de felicidad. ¡Nos la ha puesto el mismo Dios en el corazón! Somos sedientos de felicidad. Pero ¡cuánta gente, en qué proporción tan aterradora, equivoca el camino y va a beber esa felicidad en los charcos sucios del mundo, del demonio y de la carne! Y lejos de apagarla sienten que les quema las entrañas una sed inextinguible, cada vez más devoradora.

¡Pobrecito! Y después encontraste que aquello era un charco sucio, que no te llenó el corazón. El corazón lo tenías vacío y después se te llenó de remordimientos, y ¡pobre de tí si no llegaste a sentir los remordimientos!

¡Pobre hombre sediento de felicidad! Buscando siempre apagar la sed que te devora y no lográndolo casi nunca, porque casi siempre equivocas el verdadero camino que conduce a ella.

Los verdaderos amantes del Corazón de Jesús: ¡esos sí que aciertan! Van a buscar el agua de la felicidad en la fuente limpia y cristalina de donde brota, que es el Corazón de Cristo: ¡estos sí que aciertan! Porque solamente en Dios está la verdadera felicidad, y esto lo enseña la simple filosofía, señores. Es una tesis de ética, de filosofía natural, de moral natural: puede demostrarse como dos y dos son cuatro. Porque el hombre no quiere ser feliz una temporada, no se resigna a serlo por un plazo más o menos largo; quiere ser feliz *para siempre;* y no de una manera relativa y hasta cierto punto, sino de una manera *total y saciativa.* ¡Ah!, ¿de manera que aspira en su corazón a una felicidad total, saciativa y para siempre? Pues esto es imposible encontrarlo en las criaturas, que son de suyo imperfectas, limitadas y caducas; esto solamente se encuentra en Dios. Y no en el tiempo, sino en la eternidad. Lo enseña hasta la simple filosofía.

Pero la inmensa mayoría de los hombres no lo entienden y corren con desenfreno detrás del mundo, del demonio y de la carne. ¡Pobrecitos! No saben lo que hacen. Han equivocado el camino. Son sedientos de Dios, sin saberlo ni sospecharlo.

Venid a Jesucristo todos los sedientos de felicidad. Venid a aquel que dijo un día, paseando en el pórtico del templo de Jerusalén: «Si alguien tiene sed, venga a Mí y beba». Venid a aquel que en una mañana de primavera, cuando, sudoroso y cansado por el largo caminar se sentó sobre el brocal del pozo de Jacob, le dijo a la mujer samaritana: «Mujer, dame de beber». Y cuando la mujer le dice: «¿Pero cómo tú siendo judío me pides de beber a mí, que soy mujer samaritana? ¿No sabes que entre samaritanos y judíos no hay trato alguno?» Cristo le responde: «Si conocieras el don de Dios y quién el que te pide a ti agua para beber, tú se la pedirías a

Él y Él te daría un agua limpia y cristalina que salta hasta la vida eterna».

¡Pobre hombre sediento de felicidad! Ven a Jesucristo, que Él te dará esa agua limpia que tú buscas, hasta la plena saciedad de tu corazón. ¡No serás feliz en otra parte, es inútil que lo intentes!

Tú, el marido infiel que a espaldas de tu legítima mujer le tienes puesto un piso a otra mujer, ¡no eres feliz, ni lo serás nunca hasta que rompas con esa relación! El remordimiento te corroe las entrañas. ¡No eres feliz!

Y lo mismo tengo que decirle a cualquiera que pretenda ser dichoso lejos de Cristo por los caminos del pecado.

¡No serás feliz!

Venid a Cristo todos los sedientos de felicidad.

¡Ah!, pero para que Cristo nos sacie esa sed devoradora de felicidad que atormenta nuestro propio corazón, es preciso que le demos nosotros a Él un poquito de agua para apagar su sed. Porque Cristo tiene sed de agua, pero sobre todo tiene sed de amor y nos pide a cada uno de nosotros una limosna caliente, la limosna de nuestro corazón:

«Dame, hijo mío, tu corazón». A cambio de la felicidad. Cristo nos pide nuestro amor.

¡Muchacho que me escuchas! Cristo te pide un poquito de agua. Cuando tus pasiones rujan, cuando tu sangre juvenil te esté hirviendo en las venas, cuando te parezca que ya no puedes más, ¡fíjate en el Crucifijo! Fíjate cómo te está diciendo, ¡te lo está diciendo a ti!: «¡Dame un poquito de agua, que tengo mucha sed! ¡Un poquito de pureza! ¡Sé valiente, sé hombre!». Y aunque tus pasiones rujan, ¡un poquito de agua para Jesús, que te la pide desde lo alto de la cruz!

Y tú, muchacha, óyeme bien, que no voy a echar rayos y centellas contra ti. Estamos en la noche del Viernes Santo, en la noche del perdón y la misericordia, no te voy a tratar con dureza. Esta noche te voy a hablar con dulzura. Óyeme. En la que eres la reina de la fiesta. Todo el mundo te mira, todo el mundo habla de ti, ¡qué hermosa, qué bella! Todo el mundo te aplaude, sales en los periódicos, eres una estrella de la pantalla cinematográfica. ¡Si eres menos mala de lo que pareces! Te parece que en todo eso encontrarás el agua de la felicidad y, naturalmente, te lanzas como loca en pos de ella. ¿Pero no sabes por experiencia que no encuentras jamás la verdadera felicidad? Óyeme. Jesús te pide un poquito de agua de pureza y de amor y Él te dará con divina sobreabundancia el agua limpia y cristalina de la verdadera felicidad. ¡Un poquito de agua! Jesús te lo pide desde la cruz. Y te va en ello tu propia y verdadera felicidad.

Y tú, padre de familia, ¡Todavía estás a tiempo! ¡Dale un poquito de agua a Jesús, que te lo pide desde la cruz! Cumple tus deberes de esposo, tus deberes de padre, cueste lo que cueste, aunque te resulte duro; te lo pide Jesús desde lo alto de la cruz.

Y tú, comerciante, industrial, hombre de negocios, que puedes dejarte arrastrar por la codicia, conculcando los fueros de la justicia y de la honradez. Fíjate bien: restitución o condenación. A la hora de la muerte ¡qué amargura si te has enriquecido injustamente, si tienes muchos millones que tú no vas a disfrutar, pero que pesan sobre tu conciencia como un peso horrible! Estás a tiempo todavía. ¡Restituye, restituye sin excusas absurdas! A tiempo estás todavía de salvar tu alma y de darle un poquito de agua a Jesús, que te la pide para hacerte feliz eternamente.

Y tú, rico, aunque tus riquezas sean legítimas y nada te remuerda la conciencia. Acuérdate de que un vaso de agua fría dado en nombre de Cristo no quedará sin recompensa. La limosna generosa y espléndida. ¡Acuérdate de los pobres, que son los predilectos de Jesús! Hay muchos ricos que se afanan en hacerse millonarios en este mundo para setenta u ochenta años, y no se dan cuenta de que pudieran ser millonarios y banqueros para toda la eternidad con la limosna generosa y espléndida. ¡Pon dinero a rédito en los bancos del cielo, entregándoselo a los pobres, y de esta manera darás un poquito de agua a Jesús moribundo y Él te dará la vida eterna!

Y tú, gobernante: justicia y caridad, rectitud intachable, cumplimiento de las leyes, –tú el primero, delante con el ejemplo– y exactitud en hacerlas cumplir a los demás.

¡Que tienes obligación, que Dios te pedirá cuenta! Dentro de unos años, quizá de pocos días, vas a comparecer delante de Dios. Que no tengas la desgracia de comparecer delante de Él con las manos vacías por no haberte inspirado en los principios cristianos ni haberlos inculcado a tus súbditos, a tus subordinados. ¡Autoridades!, cumplimiento íntegro de la Ley de Dios. De esta manera daréis un poquito de agua a Jesús, que os la pide desde su cruz.

Y vosotros, obreros, los predilectos de Cristo. ¡Cómo os han engañado haciéndoos creer que Cristo es vuestro enemigo, que la Iglesia es enemiga del obrero! Señores, Cristo, el obrero de Nazaret, el que tenía, no las manos finas del señorito, sino las manos ásperas del trabajador manual; el carpintero de Nazaret, el que predicó el amor a la pobreza, el que llamó bienaventurados a los pobres, a los desgraciados, a los perseguidos en este mundo. ¡Cristo enemigo de los obreros! Es ya el colmo de la desvergüenza y del cinismo en la calumnia. Y si se os dice que no es Cristo sino la Iglesia la enemiga del obrero, escuchad la doctrina social de la Iglesia: participación en los beneficios de la empresa, salario familiar, trato humano, de verdaderos hermanos los unos con los otros, los patronos con sus obreros y los obreros con sus patronos. Esta es la magnífica doctrina de Cristo, la doctrina social de la Iglesia. ¡Cómo te han engañado, pobre obrero! Te han hecho creer que la Iglesia tenía la culpa de todo. ¡Te han engañado, te han envenenado! Pobrecito obrero. Cristo, desde lo alto de la cruz, te pide un poquito de agua. ¡Vuélvete a Cristo, que serás recibido con los brazos abiertos, que eres el predilecto de su Corazón! Obrero, ¡vuélvete a Jesús en esta noche del Viernes Santo! Te está pidiendo un poquito de agua; y a cambio de ella te promete y te dará la verdadera felicidad.

Y nosotros, los sacerdotes de Cristo: espíritu de sacrificio, espíritu de abnegación. Lancémonos con todas nuestras fuerzas a la conquista de las almas para que vayan al cielo, para que nadie se condene. Aunque tengamos que dejar jirones de nuestra propia vida en cada una de nuestras empresas apostólicas, aunque tengamos que morir prematuramente. ¡De día y de noche, como el buen pastor, en busca de las ovejas extraviadas!

Y a todos los que me escucháis, sacerdotes o seglares, hombres o mujeres, ricos o pobres, jóvenes o ancianos, a todos, en nombre del divino Mártir, os pido una limosna: ¡Agua! ¡Un poquito de agua para Jesús, que se nos muere de sed!

SEXTA PALABRA

«Todo se ha consumado, todo está cumplido»
(Jn 19, 30)

Instantes después de pronunciar su quinta palabra, el divino Crucificado pronunció la sexta: «Todo se ha consumado, todo está cumplido».

Con su ciencia divina, y hasta con su ciencia humana, fue recorriendo todo el conjunto de las profecías del Antiguo Testamento y vio que estaba todo maravillosamente cumplido. No faltaba ni un solo detalle.

El profeta Isaías había profetizado que nacería de una Madre Virgen. Y delante de Él estaba la Santísima Virgen María, la Inmaculada, la Reina y Soberana de las vírgenes.

El profeta Miqueas había dicho que nacería en Belén de Judá. Y en Belén de Judá, en el portal de Belén, nació el Niño Jesús.

En el salmo 71 estaba profetizado que los Reyes vendrían a adorarle: *Reges Tharsis et insulae munera offerent...* y los Reyes Magos se presentaron en Belén y le adoraron y le hicieron presentes de oro, incienso y mirra como estaba profetizado en el salmo.

El profeta Oseas anunció que el Mesías vendría de Egipto. Y estalla la persecución de Herodes y el Niño Jesús tiene que huir a Egipto, y la profecía que se cumple al pie de la letra, como estaba anunciada.

«Y será llamado Nazareno». Y los primeros 30 años de su vida los vivió Jesucristo en la casita de Nazaret: «Será llamado Nazareno».

«Y saldrá la voz del que clama en el desierto y le preparará los caminos». Y el Precursor, Juan el Bautista, se presentó delante de todo el pueblo diciendo: «Yo soy la voz del que clama en el desierto; preparad los caminos del Señor». Al pie de la letra. Se había cumplido.

Estaba profetizado que entraría triunfante en Jerusalén sobre un pobre borriquillo. Y cinco días antes, el Domingo de Ramos, entró triunfante en Jerusalén, sobre un pobre borriquillo.

Estaba profetizado que sería vendido por treinta monedas de plata. Y en el pavimento del templo estaban todavía las treinta monedas de plata, precio sacrílego de la traición, arrojadas por el traidor Judas.

Estaba profetizado en el salmo 21 que se burlarían de Él: lo acababa de recordar el mismo Jesucristo: «Mueven sus cabezas en son de burla... ¡Sálvele Yahvé, puesto que dice que le es grato...! Mi lengua está pegada al paladar... Han taladrado mis manos y mis pies y se pueden contar todos mis huesos... Se han repartido mis vestidos y echan suertes sobre mi túnica». Todo se había cumplido al pie de la letra.

Faltaba un detalle. El salmo 68 dice expresamente: «Y en mi sed me dieron a beber vinagre». Y en aquel momento, el soldado, con la lanza, le daba a beber vinagre.

Y Cristo, recorriendo todas las profecías del Antiguo Testamento y viendo que se habían cumplido maravillosamente todas en Él, lanzó un grito de profunda, de íntima y entrañable satisfacción: «¡Todo está consumado, todo está cumplido!».

Es el grito del triunfador que se cubre con el laurel de la victoria. Ahí está. Lleno de heridas, pero de gloriosas heridas. ¡Ha triunfado! *¡Consummatum est:* Todo está cumplido!

O si queréis, y esto es más santo, más religioso y más elevado todavía. Más que el capitán que termina victorioso la batalla, es el sacerdote que después de celebrar la Santa Misa se dirige al pueblo y dice: *¡Ite Misa est!*: ya podéis marcharos, la Misa está acabada.

¡Con qué íntima alegría se diría Jesucristo a sí mismo en el fondo de su Corazón: «¡Iglesia santa!, ya te siento latir dentro de Mí como las madres sienten latir a sus hijos momentos antes del alumbramiento. Ya te siento, Iglesia santa, dentro de mí. Dentro de breves momentos la lanza del soldado atravesará mi divino Corazón y brotará la Iglesia con sus siete sacramentos. Ya tengo salvado al mundo, ya he redimido a la humanidad. *¡Consummatum est,* lo he cumplido todo! Es el grito de triunfo del que se ciñe, vuelvo a repetir, con el laurel de la victoria.

***

Jesucristo: te costó mucho. ¡Te costó mucho! Naciste como un excluido (¡perdóname, Señor!), naciste como un excluido en el Portal de Belén. Tuviste que huir como un exiliado a Egipto. Trabajo duro de carpintero durante treinta años. Y durante los tres años de tu vida apostólica, de tu vida pública; no tenías donde reclinar tu cabeza. Y te insultaron y te blasfemaron: «¡Si este, lanza los demonios en virtud de Belcebú, si es un endemoniado y un samaritano, no le hagáis caso!». Y luego lo de anoche: aquel sudor de sangre; y lo de esta mañana: la flagelación y la coronación de espinas y la cruz a cuestas y la crucifixión.

¡Te ha costado mucho, Jesucristo, pero has triunfado! Te felicito con toda mi alma. ¡Has triunfado! Te costó pero lo cumpliste todo hasta el último detalle. Y ahora puedes lanzar satisfecho tu grito de triunfo: «¡Todo se ha consumado, todo está cumplido!».

***

Amadísimos de mi alma: todo pasa. ¡Todo pasa…! La belleza, el esplendor, las joyas, el triunfo, las alegrías, los placeres mundanales... ¡Todo pasa! Pero también el sufrimiento, y el hambre, y la sed y la amargura y las persecuciones y las calumnias. ¡Pasarán también!

Tú que ríes, que gozas, que bailas, que te diviertes en contra de Cristo. ¡Pobre de ti! Porque todo eso pasará, pero quedarán sus consecuencias.

Y tú que sufres en la cama de un hospital, tú que soportas en silencio por amor a Dios las injurias de los hombres, las calumnias, la persecución, el hambre, la desnudez... ¡feliz y dichoso de ti!, porque todo eso pasará, pero el mérito de tu paciencia y resignación perdurará eternamente.

A la hora de la muerte todos lanzaremos nuestro *consummatum est*. ¡Ah!, pero qué distinto el *consummatum est* del pecador, del *consummatum est* del justo.

El pecador: «Pasaron para siempre mis deleites; y ahora el infierno para toda la eternidad».

El justo: «Pasaron mis tormentos, mis dolores y amarguras.; y ahora el esplendor del cielo para siempre, para toda la eternidad».

Estáis a tiempo todavía, pecadores que me escucháis, estáis a tiempo todavía. No es un pobre hombre el que os lo dice, es Cristo Nuestro Señor desde lo alto de la cruz. Estáis a tiempo todavía. ¡Ah!, si quisiérais de verdad...

¡Qué alegría tan entrañable a la hora de la muerte; qué *consummatum est* podríais lanzar a la hora de la muerte!

Oídme bien todos. Escuchad lo que podréis decir a la hora de la muerte si queréis.

«En mis años mozos, ¡cómo me costó! ¡Cómo me costó vencer el ímpetu de mis pasiones! El gran problema de la juventud, sobre todo de la juventud masculina, es la pureza. ¡Cómo me costó! ¡Qué esfuerzo tan enorme tuve que hacer! ¡Cómo tuve que sudar sangre! ¡Cómo me costó...! Pero: *Consummatum est:* lo cumplí. Con la gracia de Dios, huyendo de las ocasiones de pecado, confesando y comulgando con frecuencia, con una devoción tiernísima a la Santísima Virgen María. Me costó mucho, pero lo cumplí. Ahora muero tranquilo: *Consummatum est».*

Después llegué al matrimonio. Las leyes sacrosantas del matrimonio, ¡qué duras me resultaron! (¿Por qué insiste tanto, Padre, en estas cosas? Porque son los pecados que se cometen hoy en el mundo. Yo no voy a perder el tiempo en aconsejaros que no os pongáis de rodillas ante una estatuilla de Buda: ¡si no lo hace nadie!, pero tengo que combatir los pecados que la gente comete, y los que la gente comete son precisamente estos que estoy repitiendo; por eso insisto, porque quiero vuestro bien, porque quiero vuestra salvación). Las leyes sacrosantas del matrimonio muchas veces cuestan mucho, hay que reconocerlo. Hay cosas que son muy duras. Cuestan mucho. Pero ¡qué alegría a la hora de la muerte! Me costó mucho, pero cumplí la Ley de Dios. Y Dios me ayudó y saqué a todos mis hijos adelante porque precisamente venían a este mundo en cumplimiento de la voluntad de Dios, y Dios jamás abandona al que cumple su divina voluntad. ¡Me costó mucho, pero lo cumplí! Ahora muero tranquilo: todo está consumado.

Aquella mala amistad, ¡cómo me costó arrancarla de mi corazón! La tenía metida en lo más hondo de mis entrañas. Pero Cristo me advirtió en el Evangelio: «Si tu ojo derecho te escandaliza, arráncalo y tíralo lejos de ti; porque te tiene más cuenta entrar en el cielo con un solo ojo que con dos ojos ser sepultado en el infierno. Y si es tu mano derecha la que te escandaliza, córtala sin compasión y tírala lejos de ti; porque te tiene más cuenta entrar en el cielo con una sola mano que no con las dos ser sepultado en el infierno». Y como eso no era más que el símbolo y la figura de aquella persona que tenía metida en el corazón, de aquella amistad criminal que tenía tan metida en mis entrañas, ¡cómo me costó arrancarme aquel ojo de la cara, aquella mano derecha! ¡Cómo me costó arrancármela! Pero la arranqué, y la tiré lejos de mí. Y ahora *consummatum est,* lo cumplí. ¡Con qué alegría muero!

Y aquellas malas confesiones, y aquel pecado vergonzoso callado tantas veces, ¡cómo me costó confesarlo! Pero me convencí de que no tenía más remedio: confesión o condenación. Si le pido perdón a Dios, pero no quiero pasar por el sacramento de la penitencia instituído por Nuestro Señor Jesucristo, Dios no me perdona: confesión o condenación. ¡Cómo me costó!, después de tantas confesiones sacrílegas, ¡cómo me costó! Pero por fin me confesé bien. Me costó mucho, pasé mucha vergüenza, pero me confesé. Y ahora: *Consummatum est,* cumplí con mi deber, muero tranquilo y en paz.

¡Ah, mis negocios! ¡Cómo me tentaba el tintineo del oro, la sed de riquezas y el afán de ganarlas a toda costa! Pero fuí honrado. No gané ni una peseta injustamente. Gané menos dinero del que hubiera podido robar. Pero lo gané honradamente, y ahora muero tranquilo: *Consummatum est.*

Y nosotros, sacerdotes, ¡qué alegría si a la hora de la muerte podemos decir en verdad: me entregué, me volqué, me destrocé, arruiné mi salud en busca de las almas. ¡Pero con qué fe, con qué ardor las buscaba! He dejado a jirones mi vida en las zarzas del camino, pero *consummatum est:* lo cumplí. ¡Qué alegría tan divina!

Que nuestra última palabra, señores, sea una palabra sacerdotal. Porque todos somos sacerdotes en cierto sentido: *Regale sacerdotium,* dice el Apóstol san Pedro aludiendo a todos los cristianos. Todos participamos de alguna manera del sacerdocio de Cristo, todos podemos celebrar, cada uno a nuestra manera, nuestra misa particular, nuestra misa individual, mediante el cumplimiento de nuestros debe es y la inmolación de nosotros mismos en aras del sacrificio y la abnegación.

Y a la hora de la muerte, después de haber dicho nuestra misa a todo lo largo de nuestra vida, subiendo poquito a poquito la cumbre de la colina del Calvario, podremos lanzar también nuestro grito de triunfo: *¡¡Ite, Misa est!!* Acabada está la misa. Ya la he terminado: *Consummatum est.* Y ahora al cielo para siempre, para siempre, para toda la eternidad.

SÉPTIMA PALABRA

«Señor, en tus manos encomiendo mi espíritu»
(Lc 23, 46)

Se acerca el desenlace supremo. Cristo ha pronunciado su *consummatum est*. Se ha ido desangrando poco a poco: «gota a gota», dice Séneca que morían los crucificados: *per stillicida*. El rostro de Nuestro Señor Jesucristo se está transfigurando por momentos. Carne blanquecina que se vuelve violácea. Cejas hundidas. La nariz que comienza a afilarse. Los labios que se adelgazan...

La Santísima Virgen María lo está presenciando todo y en aquellos instantes su corazón virginal experimental una indecible angustia: «¡Ahora!».

Pero de pronto Nuestro Señor Jesucristo se rehace. Su rostro cobra todavía frescura y vigor. Y levantando sus ojos al cielo clamó con una grande voz: «Padre, en tus manos encomiendo mi espíritu».

¡Padre! Ya no dice «Dios mío» como en la cuarta palabra. Ahora es el Hijo otra vez. Él mismo que en su primera palabra quiso conmover el corazón del Padre cuando pedía perdón por sus verdugos: «Padre, perdónalos, que no saben lo que hacen». Ahora vuelve a pronunciar esta dulcísima palabra: «Padre».

«En tus manos encomiendo mi espíritu». Es decir, en tus manos entrego voluntariamente mi alma. Me diste el mandato de subir a la cruz. Pero yo, tu divino Hijo, estoy totalmente identificado contigo. «El Padre y Yo somos una misma cosa». Dos personas distintas, pero una sola y misma esencia. La voluntad del Hijo estaba totalmente identificada con la voluntad del Padre. Eran dos personas, pero una sola esencia: «El Padre y Yo somos una misma cosa». Tú me mandaste morir en la cruz, pero yo la acepté voluntariamente, con mi plena libertad identificada con la tuya.

En tus manos encomiendo mi espíritu: te voy a entregar el alma.

E inclinando la cabeza, expiró.

Al revés de lo que hacen los demás hombres, señores. Los hombres inclinan la cabeza en el momento de morir, no antes. Precisamente es la muerte quien les abate la cabeza. Bajan la cabeza por exigencia de la muerte.

Jesucristo, no. Dice el Evangelio que inclinó la cabeza y después murió. Inclinó la cabeza como dándole su consentimiento a la muerte, como diciéndole: «Ahora; apodérate de mí». Inclinó *voluntariamente* la cabeza y murió.

¡Pero si la muerte no tenía ningún dominio sobre Él! ¡Pero si era Él quien tenía dominio absoluto sobre la muerte! Que lo digan sus resucitados, que lo diga la hija de Jairo; que lo diga el hijo de la viuda de Naim; que lo diga Lázaro, cadáver putrefacto de cuatro días. Jesucristo les mandó resucitar .y resucitaron. La muerte era súbdita de Jesucristo. No podía apoderarse de Él. Solamente cuando Él le dio su permiso, la muerte se acercó con respeto a la cruz. «*Et inclinato capite* –dice el Evangelio– *tradidit spiritum*»: y bajando la cabeza entregó su espíritu.

Y al instante un terrible terremoto sacude la roca del Calvario. La cruz de Cristo se balancea violentamente por la tremenda sacudida. La gente huye alocadamente. El velo del templo se rasga de arriba abajo. El centurión se golpea el pecho: «Verdaderamente este era el Hijo de Dios». Los muertos resucitan. La Virgen María contempla aterrada el espectáculo.

Verdaderamente tenía razón un filósofo impío cuando en un momento de sinceridad dijo: «La muerte de Sócrates es la muerte de un sabio, pero la muerte de Cristo es la muerte de un Dios».

Murió Jesucristo como Dios que era. Con una majestad imponente. La naturaleza entera se conmovió ante la muerte de Cristo.

Y el Antiguo Testamento terminó para siempre: el velo del templo se rasgó de arriba abajo como diciendo: se acabó para siempre. Las figuras ya no tienen razón de ser cuando está presente la augusta realidad.

Y todavía el pueblo judío continúa en su obstinación. Esta misma tarde, en los cultos del Viernes Santo, ha subido al cielo la oración entrañable de la Santa Iglesia pidiendo por el pueblo judío, que está obcecado todavía, que tiene la mayor obcecación que registra la historia de la humanidad. Es increíble, señores, su ceguera y obstinación. La gloria más grande del pueblo judío es precisamente haber sido el pueblo del Hijo de Dios; el que un judío sea nada menos que la segunda persona de la Santísima Trinidad hecha hombre. Y en su terrible ceguera los judíos no lo comprenden.

Rechazan su máxima gloria nacional, rechazan lo que debía enorgullecerles sobre todos los pueblos de la tierra. ¡Qué ceguera la de los judíos, señores! Se rompió el velo del templo; el Antiguo Testamento ya no tiene nada que hacer, las sinagogas están haciendo el ridículo en el mundo entero ¡y no abren los ojos, no se dan cuenta de que el Mesías, el Redentor de la humanidad, es Jesucristo Nuestro Señor!

Jesucristo murió. Y murió porque quiso. Voluntariamente, ya que tenía pleno dominio sobre la muerte.

***

La Santísima Virgen María en aquellos momentos pudo ya, por fin, acercarse a la santa cruz. Yo me imagino que la pobrecita caería de rodillas para besar el pie de la cruz y se incorporaría un poquitín para besarle los pies a su divino Hijo convertido ya en cadáver. La cruz era muy bajita, se levantaba escasamente medio metro sobre el suelo; de manera que la Santísima Virgen, para besarle los pies a su divino Hijo, tuvo que inclinarse reverentemente, acaso hasta ponerse de rodillas. Y me imagino que incorporándose poco a poco, haciendo un esfuerzo supremo..., acaso poniéndose de puntillas..., subiendo... llegaría a aplicar sus labios de Madre Virgen a la herida de su Corazón abierto, del que acababa de brotar en aquel momento la Iglesia Santa de Dios.

La Virgen Santísima, modelo de dolor al pie de la cruz. Jesucristo, ya cadáver, acababa de consumar la redención del mundo. A María le faltaba todavía el tormento de su amarguísima soledad.

Jesucristo: ¡qué Buen Pastor! ¡Qué Buen Pastor has sido! ¡Has sabido dar la vida por tus pobres ovejitas!

Jesucristo: Hace un rato te estaban provocando e insultando: «¿No eres tú el Hijo de Dios? ¡Baja de la cruz y entonces creeremos en ti!».

Jesucristo: ¡qué bien hiciste en no bajar de la cruz!

¡Pobrecitos de nosotros si llegas a bajar! Porque estaba predestinado por Dios que la redención del género humano no se consumase sino en lo alto de la cruz. ¡Tenías que morir en la cruz! Y en vez de mandar a la tierra que se abriese para hundir en el infierno a aquellos infames, pediste perdón por ellos, aceptaste en silencio aquel espantoso fracaso humano y no quisiste bajar de la cruz. Precisamente porque querías salvarnos a nosotros.

¡Muchas gracias, Señor, porque no bajaste de la cruz! Porque quisiste morir en ella, ¡muchas gradas, Señor! Y por ello cada año te recordamos con amor, y cada año te queremos más.

Señores, ¿quién de vosotros, los cultos, los eruditos, se acuerda de las últimas palabras que pronunciaron en este mundo Sócrates, Aristóteles, Platón... los genios la humanidad? ¡Nadie se acuerda de ellos! Y sin embargo las Siete Palabras de Jesucristo en la cruz todos los años las recordamos con amor.

Y todos los años caemos de rodillas ante Ti, divino Crucificado. Y porque moriste por nosortros, cada vez te queremos más, te amamos más. Lo más grande, lo más limpio, lo más puro, lo más inmaculado del mundo ha caído siempre de rodillas ante Cristo. Y precisamente (fijaos bien, ¡qué casualidad!) los criminales, los malvados, los enemigos de la honradez, de la civilización, de la dignidad, de la

decencia humanas, los enemigos del orden social...
¡esos son los enemigos de Cristo!

¿Pero no lo véis, no lo estáis viendo en el mundo de hoy como en el de hace veinte siglos?

Lo más grande que ha habido en la humanidad ha caído siempre de rodillas ante Ti, Jesucristo crucificado. Eres el más grande de los hijos de los hombres precisamente porque eres el Hijo de Dios.

¡Si hasta, en el odio satánico de tus enemigos se advierte tu divina y definitiva grandeza! Te odian tanto, Señor, porque eres tan grande, porque eres la figura cumbre de la humanidad. Por eso ellos te persiguen y por eso nosotros te adoramos y caemos de rodillas a tus pies.

Pero nosotros, Señor, no te adoramos como al filósofo más grande, como a la figura cumbre y al prototipo incomparable de la humanidad. ¡No! Nosotros te adoramos porque eres el Hijo de Dios, porque eres la segunda Persona de la Santísima Trinidad hecha hombre, porque estás sentado a la diestra de Dios Padre y vendrás con gran poder y majestad a juzgar a los vivos y a los muertos.

Jesucristo, ¡gracias por haber muerto por nosotros en la cruz!

***

También nosotros moriremos. Moriremos todos. Sin falta.

Nuestras vidas son los ríos
que van a dar en la mar
que es el morir.
Allá van los señoríos,

derechos a se acabar y consumir;
allí los ríos caudales,
allí los otros medianos y más chicos;
allegados, son iguales
los que viven por sus manos
y los ricos

Moriremos. Pero moriremos confiados, Señor, porque Tú has muerto antes por nosotros.

Yo quiero morir como Tú, Jesucristo. Tú eres inocente, yo soy pecador. Pero Tú has muerto por mí y por lo mismo ya puedo levantar mis miradas al cielo y con el corazón confiado decir: «Padre, en tus manos encomiendo mi espíritu». Ya puedo morir tranquilo. Estoy perdonado, porque Cristo ha muerto por mí.

Y quiero morir, no solamente como Tú, Señor. Quiero morir *contigo,* quiero morir sintiendo tu Corazón palpitar juntó a mi corazón.

¡Señor!, te lo pido en esta tarde del Viernes Santo.

«¿Qué quieres en recompensa por el sermón que acabas de pronunciar?» ¡Señor!, que a la hora de mi muerte me concedas la dicha inenarrable de recibir el Viático. Que pueda recibirte en mi alma, que pueda estrecharte junto a mi corazón, como Buen Pastor, momentos antes de comparecer delante de Ti como Juez Supremo de vivos y muertos.

¡Ven a mi corazón, Señor! Que reciba el Viático, que sienta palpitar tu Corazón lleno de amor junto a mi corazón moribundo. ¡Señor!, quiero morir no solamente como Tú, sino *contigo,* presente en mi corazón. ¡El Viático!

Y para todos mis oyentes, los que están abarrotando la iglesia de San José, de Madrid, y los millones de españoles que me están siguiendo a través de la radio, para todos ellos, Señor, te pido la misma gracia. Te pido que mueran todos con el Viático en su corazón, con la alegría inmensa de sentir y palpitar junto al suyo tu Corazón de Buen Pastor. Quiero morir como Tú, quiero morir contigo, y esta misma gracia te pido para todos mis oyentes, para todos los españoles y para todos los redimidos con tu sangre preciosísima que acabas de derramar en la cruz.

***

Y Tú, Virgencita de los Dolores, Reina y Soberana de los mártires; Tú que eres mi Madrecita querida, Tú que tienes la obiligación de tratarme como hijo. Aunque yo sea malo, Tú eres buena, Tú eres la Abogada y Refugio de los pecadores. Fíjate bien, Virgen María, lo que te voy a decir, interpretando el sentir de todos mis oyentes y de todos los españoles; fíjate bien, Madre mía querida:

Mientras mi vida alentare
todo mi amor para tí.
Mas si mi amor te olvidare...
¡Madre mía, Madre mía!
Aunque mi amor te olvidare
¡tú no te olvides de Mí!

Que si Tú, Virgencita de los Dolores, Reina y Soberana de los mártires, si Tú no te olvidas de nosotros y vienes a la hora de nuestra muerte a recoger nuestro último suspiro, ya tenemos asegurada para siempre nuestra dicha y felicidad eternas. Porque con tus manos virginales de Madre y de Correden-

tora nos llevarás hasta el trono de tu divino Hijo, y
Tú le arrancarás aquella sentencia de vida eterna:
«Bien, siervo bueno y fiel, porque fuiste fiel en lo
poco, te voy a constituir sobre lo mucho: ¡entra para
siempre, para siempre, en el gozo de tu Señor!».
Que así sea.

OTROS LIBROS

Las credenciales de Jesús,
Jesús Álvarez Maestro. 276 p. 14,50 €

El Señor en la Historia,
Douglas Pajariño. 372 p. 18,00 €

Jesús. Volver a los comienzos,
Fco. Javier Sáez de Maturana. 1144 p. 29,80 €

Jesús de Nazaret, *Albet Hari.* 227 p. 18,00 €

Un hombre llamado Jesús,
Lukas Ruegenberg y Georg Wieghaus. 46 p. 13,75 €

Dios escribe y se escribe con trazo humano,
Vicente Botella Cubells. 226 p. 13,00 €

Jesucristo, revelación del misterio del hombre,
Martín Gelabert Ballester. 266 p. 15,00 €

Jesucristo en sus misterios,
Columba Marmion. 344 p. 10,50 €

El lado humano de Jesús de Nazaret,
José Salvador y Conde, O.P. 438 p. 12,50 €

Emaús. Era necesaria la pasión y la glorificación de Cristo, *Ignacio Domínguez González.* 156 p. 5,75 €